新佳禾外语

★ 出国旅游、工作、学习、生活应急必备

地道俄语 想说就说

主编／杨 茜

东南大学出版社
SOUTHEAST UNIVERSITY PRESS
·南京·

内 容 提 要

本书根据在国外旅游、工作、生活的各种场景,设置了若干最可能的对话,汇集了上千句常用的句子,以俄语和汉语谐音注音,并配以速度得当的录音,以让零基础的人士一看就懂、一学就会、想说就说,以备不时之需。本书特别适用于俄语零基础的人员短期出国旅游、生活、工作等使用。

图书在版编目(CIP)数据

地道俄语想说就说 / 杨茜主编. —南京:东南大学出版社,2016.3
(地道外语口语想说就说系列)
ISBN 978-7-5641-6400-3

Ⅰ.①地… Ⅱ.①杨… Ⅲ.①俄语—口语—自学参考资料 Ⅳ.①H359.9

中国版本图书馆 CIP 数据核字(2016)第 043812 号

地道俄语想说就说

主　编	杨　茜	责任编辑	刘　坚
		特邀编辑	应梦丹

电　话	(025)83793329/83790577(传真)
电子邮件	liu-jian@seu.edu.cn

出版发行	东南大学出版社	出版人	江建中
地　址	南京市四牌楼 2 号(210096)	邮　编	210096
销售电话	(025)83794561/83794174/83794121/83795801		
	83792174/83795802/57711295(传真)		
网　址	http://www.seupress.com		
电子邮件	press@seupress.com		

经　销	全国各地新华书店
印　刷	南京新洲印刷有限公司
开　本	787mm×1092mm　1/32
印　张	6.75
字　数	149 千字
版　次	2016 年 3 月第 1 版第 1 次印刷
书　号	ISBN 978-7-5641-6400-3
定　价	15.00 元

* 未经许可,本书内文字不得以任何方式转载、演绎,违者必究。
* 本社图书若有印装质量问题,请直接与营销部联系。电话:025-83791830。

前 言

《地道俄语想说就说》一书特别汇集了出行说俄语国家必备的千余句应急或日常会话的实用句子,涵盖了出行说俄语国家经常遇到的场景。每句话都很简短、实用,一看就懂、一读就会。另外,还在相应场景的句子后追加了该部分相关的常用词汇,读者只要替换中心词汇,就能将所学句子翻倍增加,达到事半功倍的效果。另外,本书还添设了"固定句型篇"包括"问答模板"与"固定句式"两部分,该部分是使学习者迅速掌握实战句子的有效章节。

为了让读者最大限度地利用日常零碎的时间进行学习,以提高俄语水平,我们特地在内容编辑、版式设计、声音录制等方面为读者考虑,特别邀请俄罗斯资深外教和标准普通话老师为每个句子以及单词进行中俄对照朗读配音。您只要戴上耳机,就能轻松掌握应急句子与实用词汇。您可以走路、跑步、搭车、乘船,或站、或坐、或躺、或卧,随时听、随地听、反复听,轻松无压力!

总之,本书力求简明易懂、应急高效,让从零起点学习的读者的发音更为标准、地道,快速开口说俄语!相信本书能对您的出行大有帮助,祝您出行顺利愉快!

本书在编写以及录音过程中得到了王红、奥克桑娜(俄罗斯)的热情帮助,在此深表谢意。

由于时间、水平有限,疏漏在所难免,恳请各位读者多提宝贵意见,以使本书日臻完善。

本书编写过程中,王红、刘佳、曲琳、田秋月就词汇和句子的谐音反复斟酌,力求找到最能还原原语读音的的谐音字;陈贵男、赵志清、蔡晓苏、孙玉梅、陈姗姗等负责原语和汉语谐音录音的后期剪辑,使得本书能够最后成型并方便读者使用,在此深表谢意。

本书的听力音频文件可从 http://pan.baidu.com/s/1qWXPgCG 下载,也可扫描封底的二维码下载。

※ **附加说明**:俄语句子中,上顿点表示重读;
谐音中,下划线表示连读。

编者

目录

俄语字母谐音表 — 001

一、都市生活篇 — 002

1. 在商场 — 003
2. 在餐馆 — 011
3. 在邮局 — 022
4. 在银行 — 032
5. 在医院 — 041
6. 在美发店 — 055
7. 在干洗店 — 064

二、旅行必备篇 — 071

1. 交通出行 — 072
   - （1）飞机 — 072
     - 订票 — 072
     - 办理登机手续 — 073
     - 行李托运 — 075
     - 安检 — 076
     - 海关 — 077
     - 机上服务 — 080

　　　　机上用餐 ·············· 081
　　　　下飞机后 ·············· 083
　（2）出租车 ················· 085
　（3）火车 ··················· 088
　（4）地铁 ··················· 092
　（5）租车 ··················· 094
2 遇到不便 ···················· 095
　（1）语言不通 ··············· 095
　（2）迷路 ··················· 096
　（3）生急病 ················· 097
　（4）丢失物品 ··············· 098
3 宾馆住宿 ···················· 101

三、市民必会篇　　　　106

1 寒暄问候 ···················· 107
　（1）日常问候 ··············· 107
　（2）初次见面 ··············· 108
　（3）久别重逢 ··············· 110
　（4）碰到友人 ··············· 112
2 介绍 ························ 115
　（1）介绍自己/他人 ·········· 115
　（2）对介绍的回应 ··········· 116
3 邀请 ························ 120
　（1）发出邀请 ··············· 120
　（2）对邀请的回应 ··········· 122

4 拜访 ·········· 124
　（1）拜访前 ·········· 124
　（2）拜访中 ·········· 125
5 分别 ·········· 129
6 节庆生活祝福语 ·········· 133

四、日常话题篇　135

1 谈论天气 ·········· 136
　（1）询问天气情况 ·········· 136
　（2）天气预报 ·········· 137
　（3）好天气 ·········· 138
　（4）坏天气 ·········· 139
　（5）雷雨天气 ·········· 140
　（6）刮风天气 ·········· 142
　（7）下雪天气 ·········· 143
2 谈论时间 ·········· 146
3 谈论日期 ·········· 151
4 谈论季节、月份 ·········· 155
5 谈论兴趣、爱好 ·········· 160
6 谈论家庭 ·········· 166
7 谈论工作 ·········· 172

五、常用单词篇　178

1 表示数字 ·········· 179

- 2 表示蔬菜 ········· 181
- 3 表示水果 ········· 182
- 4 表示动物 ········· 183
- 5 表示植物 ········· 184
- 6 表示社交场合下的称谓 ········· 186
- 7 男子名 ········· 186
- 8 女子名 ········· 187
- 9 俄罗斯主要节日 ········· 188
- 10 表示食物 ········· 189

六、固定句型篇　191

- 1 问答模板 ········· 192
- 2 常用句式 ········· 200

俄语字母谐音表

大写	小写	字母谐音
А	а	阿
Б	б	掰
В	в	歪
Г	г	该
Д	д	待
Е	е	耶
Ё	ё	腰
Ж	ж	日诶
З	з	栽
И	и	伊
Й	й	伊（短音）
К	к	嘎
Л	л	诶尔
М	м	诶姆
Н	н	诶恩
О	о	奥
П	п	伯
Р	р	诶了
С	с	诶丝
Т	т	待
У	у	乌
Ф	ф	诶夫
Х	х	哈
Ц	ц	猜
Ч	ч	切
Ш	ш	沙
Щ	щ	虾
Ъ	ъ	不发音
Ы	ы	诶
Ь	ь	不发音
Э	э	埃
Ю	ю	尤
Я	я	亚

一、都市生活篇

1 在商场

- **俄文** Чем могу́ вам помо́чь?
- **谐音** 切姆 马古 瓦姆 帕莫奇
- **中文** 请问你需要什么帮助吗?

- **俄文** Я хочу́ купи́ть пла́тье/брю́ки/шарф.
- **谐音** 亚 哈丘 库皮奇 普拉奇耶/博柳克伊/沙了夫
- **中文** 我想买条裙子/裤子/围巾。

- **俄文** Э́то са́мая после́дняя нови́нка э́того го́да.
- **谐音** 埃塔 萨马亚 帕丝列德尼阿亚 纳温卡 埃塔瓦 果达
- **中文** 这是今年最新款。

- **俄文** Не хоти́те приме́рить?
- **谐音** 涅 哈季杰 普利灭利奇
- **中文** 您要不要试试?

- **俄文** Вы сде́лали отли́чный вы́бор.
- **谐音** 维 兹杰拉利 阿特利奇内伊 维巴了
- **中文** 您很有眼力。

- **俄文** Э́тот цвет вам о́чень идёт.
- **谐音** 埃塔特 茨维耶特 瓦姆 奥琴 伊焦特
- **中文** 这个颜色穿上一定非常漂亮。

都市生活篇

俄文 Красный цвет мне совсем не идёт!
谐音 克拉丝内伊 茨维耶特 姆涅 萨夫谢姆 涅 伊焦特
中文 我穿红色的真难看!

俄文 Красный цвет уже вышел из моды.
谐音 克拉丝内伊 茨维耶特 乌日埃 维谁(shei)尔 伊兹 莫得(dei)
中文 红色现在也不流行了。

俄文 Одежда такого цвета легко линяет.
谐音 阿杰日达 塔阔瓦 茨维耶塔 列赫阔 利尼阿耶特
中文 这种颜色的衣服容易褪色。

俄文 У вас есть блузки ~ размера?
谐音 乌 瓦丝 耶丝奇 博鲁丝克伊 ~ 拉兹灭拉
中文 这件衣服有~号的吗?

俄文 Я поищу.
谐音 亚 帕伊休
中文 我给你找找。

俄文 Я хочу примерить эту футболку.
谐音 亚 哈丘 普利灭利奇 埃图 夫德博尔库
中文 我想试试这件T恤衫。

俄文 Подождите, пожалуйста.

谐音 帕达日季杰 帕日阿鲁丝塔

中文 请稍等一会儿。

俄文 Примерочная занята.

谐音 普利灭拉奇纳亚 杂尼阿塔

中文 试衣间有人。

俄文 Где примерочная?

谐音 格杰 普利灭拉奇纳亚

中文 试衣间在哪儿？

俄文 Идите прямо, потом налево.

谐音 伊季杰 普俩(lia)马 帕托姆 纳列瓦

中文 直走左拐。

俄文 Как тебе это?

谐音 卡克 杰别 埃塔

中文 你看这个怎么样？

俄文 Это хорошая покупка.

谐音 埃塔 哈罗沙亚 帕库普卡

中文 这套衣服真合适。

俄文 Это мне узко/широко.

谐音 埃塔 姆涅 乌丝卡/谁(shei)拉阔

中文 有点儿紧/松。

俄文 Это тебе́ о́чень велико́/ма́ло.
谐音 埃塔 杰别 奥琴 维耶利卡/马拉
中文 你穿着太大/小了。

俄文 Это пла́тье подхо́дит к ко́фте.
谐音 埃塔 普拉奇耶 帕特霍季特 克 阔夫杰
中文 这条裙子和上衣挺配的。

俄文 Тебе́ о́чень идёт.
谐音 杰别 奥琴 伊焦特
中文 看起来很合身。

俄文 О́чень краси́во, о́чень мо́дно.
谐音 奥琴 克拉西瓦 奥琴 莫德纳
中文 很好看，很时髦。

俄文 Это све́рх моего́ бюдже́та.
谐音 埃塔 丝维耶了赫 马耶沃 比乌德日埃塔
中文 这超出我的预算了。

俄文 Вы не мо́жете сде́лать мне ски́дку?
谐音 维 涅 莫日诶杰 兹杰拉奇 姆涅 丝克伊特库
中文 能不能给我打点儿折？

俄文 Это цена́ со ски́дкой.
谐音 埃塔 茨诶纳 萨 丝克伊特卡伊
中文 这已经是打过折的价钱了。

俄文 Мы никогда́ не де́лаем ски́дку.
谐音 梅 尼卡格达 涅 杰拉耶姆 丝克伊特库
中文 我们从不打折。

俄文 Мы мо́жем де́лать вам ски́дку в 20 проце́нтов.
谐音 梅 莫日诶姆 杰拉奇 瓦姆 丝克伊特库 夫 德瓦擦奇 普拉参塔夫
中文 我们可以打八折。

俄文 Оста́ток мо́жно уме́ньшить?
谐音 阿丝塔塔克 莫日纳 乌缅谁(shei)奇
中文 去掉零头可以吗?

俄文 Це́ны фикси́рованы.
谐音 茨诶内 夫伊克西罗瓦内
中文 我们从不还价。

俄文 Как мо́жно оплати́ть?
谐音 卡克 莫日纳 阿普拉季奇
中文 我怎么付钱?

俄文 Вы мо́жете плати́ть нали́чными и́ли креди́дной ка́ртой.
谐音 维 莫日诶杰 普拉季奇 纳利奇内米 伊利 克列季德纳伊 卡了塔伊
中文 您既可以用现金付款也可以刷卡。

俄文 Я хочу́ поменя́ть на бо́льшего/ме́ньшего разме́ра.

谐音 亚 哈丘 帕灭尼阿奇 纳 博利谁(shei)瓦/缅谁(shei)瓦 拉兹灭拉

中文 我想换件儿大/小一点儿的。

俄文 Чек с собо́й?

谐音 切克 萨博伊

中文 您带发票了吗?

俄文 Вы мо́жете поменя́ть то́лько на това́р, име́ющий одина́ковую це́ну.

谐音 维 莫日诶杰 帕灭尼阿奇 托利卡 纳 塔瓦了 伊灭尤西伊 阿季纳卡乌尤 茨诶努

中文 您只能换同等价位的。

俄文 Здесь гря́зно.

谐音 兹杰西 格俩(lia)兹纳

中文 这儿有点儿脏。

俄文 Я хочу́ верну́ть това́р.

谐音 亚 哈丘 维耶了努奇 塔瓦了

中文 我想退货。

俄文 Наве́рное, нельзя́.

谐音 纳维耶了纳耶 涅利兹阿

中文 恐怕不行。

俄文 У нас товар можно возвращать в течение трёх дней.

谐音 乌 纳丝 塔瓦了 莫日纳 瓦兹夫拉夏奇 夫 杰切尼耶 特廖赫 德涅伊

中文 在我们这儿购买的商品超过三天是不能退货的。

相关词汇

俄文	галстук	шарф	перчатки
谐音	嘎尔丝图克	沙了夫	撒了恰特克伊
中文	领带	围巾	手套

俄文	шапка	кепка	шляпа
谐音	沙普卡	克耶普卡	诗俩(lia)帕
中文	帽子(多指棉帽、皮帽)	鸭舌帽	(带沿的)礼帽

俄文	сумка	ремень	рубашка
谐音	苏姆卡	列灭尼	鲁巴诗卡
中文	包，袋	皮带	衬衫

俄文	футболка	блузка	костюм
谐音	夫德博尔卡	博鲁丝卡	卡丝久姆
中文	T恤衫	女短上衣	西装，套装

俄文	пиджак	жилет	жакет
谐音	皮德日阿克	日诶列特	日阿 克耶特
中文	西服上衣	西服马甲(背心)	(女)短上衣，夹克

俄文	куртка	свитер	брюки
谐音	库了特卡	丝维泰了	博柳克伊

都市生活篇

中文	（男）短上衣，夹克	（高领）绒线衫	长裤

俄文	пальто́	пухови́к	шу́ба
谐音	帕利托	普哈维克	舒巴
中文	大衣	羽绒服	毛皮大衣

俄文	пла́тье	ю́бка	ту́фли
谐音	普拉奇耶	尤普卡	图夫利
中文	连衣裙	短裙	鞋，便鞋（总称）

俄文	боти́нки	сапоги́	санда́лин
谐音	巴金克伊	萨帕格伊	散达林
中文	（皮）鞋	靴子	凉鞋

俄文	кроссо́вки	носки́	колго́тки
谐音	克拉索夫克伊	纳丝克伊	卡尔果特克伊
中文	旅游鞋	短袜	连裤袜

2 在餐馆

俄文 Какие фирменные/специальные блюда у вас есть?

谐音 卡克伊耶 夫伊了缅内耶/丝撇茨诶阿利内耶 博柳达 乌 瓦丝 耶丝奇

中文 您这儿有什么特色/特价菜?

俄文 Есть какие-нибудь фирменные блюда сегодня?

谐音 耶丝奇 卡克伊耶尼布奇 夫伊了缅内耶 博柳达 谢沃德尼阿

中文 今天有什么特色菜吗?

俄文 Блюда из морепродуктов – фирменные блюда нашего ресторана.

谐音 博柳达 伊兹 马列普拉克塔夫 夫伊了缅内耶 博柳达 纳谁(shei)瓦 列丝塔拉纳

中文 海鲜是我们店的招牌。

俄文 Попробуйте это блюдо.

谐音 帕普罗布伊杰 埃塔 博柳达

中文 您试试这道菜吧。

俄文 Оно очень популярно.

谐音 阿诺 奥琴 帕普俩(lia)了纳

中文 这道菜十分受欢迎。

- 俄文 На сегодня специальные блюда закончились.
- 谐音 纳 谢沃德尼阿 丝撒茨诶阿利内耶 博柳达 杂阔恩奇利西
- 中文 今天的特价菜已经卖完了。

- 俄文 Этот суп стоит попробовать.
- 谐音 埃塔特 苏泼 丝托伊特 帕普罗巴瓦奇
- 中文 我们可以点这个汤。

- 俄文 Этот суп очень прекрасный.
- 谐音 埃塔特 苏泼 奥琴 普列克拉丝内伊
- 中文 这个汤非常不错的。

- 俄文 Мне нужен хорошо пожаренный/недожаренный/сочный бифштекс.
- 谐音 姆涅 努任 哈拉绍 帕日阿连内伊/涅达日阿连内伊/索奇内伊 比夫诗泰克丝
- 中文 我的牛排要熟透/不熟不嫩/松软的。

- 俄文 Дайте мне порцию закуски, бифштекс.
- 谐音 达伊杰 姆涅 泼了茨诶尤 杂库丝克伊 比夫诗泰克丝
- 中文 我来一份开胃菜与排餐。

- 俄文 Мне ещё куринный бульон.
- 谐音 姆涅 耶晓 库林内伊 布利奥恩
- 中文 我再来点儿鸡汤。

- **俄文** Скажи́те, пожа́луйста, у вас есть каки́е-нибудь осо́бые тре́бования?
- **谐音** 丝卡日诶杰 帕日阿鲁丝塔 乌 瓦丝 耶丝奇 卡克伊耶 阿索贝耶 特列巴瓦尼亚
- **中文** 请问您有什么特殊要求吗?

- **俄文** Мо́жно сде́лать пре́сным?
- **谐音** 莫日纳 兹杰拉奇 普列丝内姆
- **中文** 能做得清淡点儿吗?

- **俄文** Мо́жет ли по́вар немно́го положи́ть пе́рца?
- **谐音** 莫日诶特 利 泼瓦了 涅姆诺卡 帕拉日诶奇 撒了擦
- **中文** 能让厨师少放辣椒吗?

- **俄文** Прошу́ не класть лук и чесно́к.
- **谐音** 普拉舒 涅 克拉丝奇 鲁克 伊 切丝诺克
- **中文** 请别放葱和姜。

- **俄文** Что́-нибудь ещё?
- **谐音** 诗托尼布奇 耶晓
- **中文** 还要点别的吗?

- **俄文** Э́того доста́точно.
- **谐音** 埃塔瓦 达丝塔塔奇纳
- **中文** 这些足够了。

都市生活篇

俄文 Чашку риса и пампушку.

谐音 恰诗库 利萨 伊 帕姆普诗库

中文 一碗米饭，一个馒头。

俄文 Скажите, пожалуйста, у вас подают аперитив?

谐音 丝卡日诶杰 帕日阿鲁丝塔 乌 瓦丝 帕达尤特 阿撒利季夫

中文 请问餐厅有什么开胃饮料吗？

俄文 В нашем ресторане готовят прекрасную простоквашу.

谐音 夫 纳谁(shei)姆 列丝塔拉涅 嘎托维特 普列克拉丝努尤 普拉斯塔克瓦舒

中文 我们餐厅自制的酸奶比较不错。

俄文 Какое вино может предложить ресторан?

谐音 卡阔耶 维伊诺 莫日诶特 普列德拉日诶奇 列丝塔兰

中文 餐厅有哪几类酒？

俄文 Пиво, французское вино, водку.

谐音 皮瓦 夫兰促丝卡耶 维伊诺 沃特库

中文 啤酒，法国红酒，白酒。

俄文 Я хочу заказать какие-нибудь местные вина.

谐音 亚 哈丘 杂卡杂奇 卡克伊耶尼布奇 灭丝内耶 维伊纳

中文 我想点当地出产的酒。

俄文 Это вкусно?

谐音 埃塔 夫库丝纳

中文 这个好吃吗?

俄文 На вид очень вкусно.

谐音 纳 维伊特 奥琴 夫库丝纳

中文 看上去很好吃。

俄文 У меня уже слюнки текут.

谐音 乌 灭尼阿 乌日埃 丝柳恩克伊 杰库特

中文 我都流口水了。

俄文 Мне кажется, это блюдо должно быть более сладкое.

谐音 姆涅 卡日诶擦 埃塔 博柳达 达尔日诺 贝奇 博列耶 丝拉特卡耶

中文 我觉得这道菜做得不够甜。

俄文 Какую водку мы будем пить?

谐音 卡库尤 沃特库 梅 布杰姆 皮奇

中文 咱们喝点儿什么白酒?

俄文 Не хотите попробовать Маотай?

谐音 涅 哈季杰 帕普罗巴瓦奇 茅台

中文 喝茅台怎么样?

都市生活篇

俄文 Маотай– одна́ из всеми́рно изве́стных во́док.

谐音 茅台 阿德纳 伊兹 夫谢米了纳 伊兹维耶丝内赫 沃达克

中文 茅台是世界名酒之一。

俄文 Я могу́ то́лько пи́во.

谐音 亚 马古 托利卡 皮瓦

中文 我只能喝啤酒。

俄文 У меня́ голова́ кру́жится от во́дки.

谐音 乌 灭尼阿 嘎拉瓦 克鲁日诶擦 阿特 沃特克伊

中文 喝白酒我就上头。

俄文 Дава́йте сего́дня бу́дем пить и весели́ться.

谐音 达瓦伊杰 谢沃德尼阿 布杰姆 皮奇 伊 维耶谢利擦

中文 咱们今天来个一醉方休。

俄文 Мне за́втра ещё ну́жно рабо́тать.

谐音 姆涅 杂夫特拉 耶晓 努日纳 拉博塔奇

中文 我明天还得上班。

俄文 Пощади́те меня́.

谐音 帕夏季杰 灭尼阿

中文 你们饶了我吧。

俄文 Не надо кушать очень много.
谐音 涅 纳达 库沙奇 奥琴 姆诺嘎
中文 别吃得太多。

俄文 А то располнеешь.
谐音 阿 托 拉丝帕尔涅耶诗
中文 否则你会发胖的。

俄文 Это очень вкусно.
谐音 埃塔 奥琴 夫库丝纳
中文 这东西太好吃了。

俄文 У меня зверский аппетит.
谐音 乌 灭尼阿 兹维耶了丝克伊 阿撒季特
中文 我管不住自己。

俄文 Сегодня не буду худеть.
谐音 谢沃德尼阿 涅 布杜 胡杰奇
中文 今天不减肥了。

俄文 Против деликатесов диета бессильна.
谐音 普罗季夫 杰利卡泰萨夫 季耶塔 别西利纳
中文 遇到美食减肥计划就不管用了。

俄文 Передайте мне, пожалуйста, соли.
谐音 撒列达伊杰 姆涅 帕日阿鲁丝塔 索利
中文 把盐递给我。

俄文 Дайте мне приправы для бифштекса.

谐音 达伊杰 姆涅 普利普拉维 德俩(lia) 比夫诗泰克萨

中文 给我点儿牛排调料。

俄文 Кушайте ещё.

谐音 库沙伊杰 耶晓

中文 再吃点儿。

俄文 Я сыт/сыта.

谐音 亚 丝诶特（男性使用）/丝诶塔（女性使用）

中文 我吃饱了。

俄文 Больше не могу.

谐音 博利谁(shei) 涅 马古

中文 我再也吃不下了。

俄文 Официант/Официантка.

谐音 阿夫伊 茨诶安特（男服务员）/阿夫伊 茨诶安特卡（女服务员）

中文 服务员。

俄文 Счёт, пожалуйста.

谐音 晓特 帕日阿鲁丝塔

中文 买单。

俄文 Это ваш счёт.
谐音 埃塔 瓦诗 晓特
中文 这是您的消费清单。

俄文 Посмотрите, пожалуйста.
谐音 帕丝马特利杰 帕日阿鲁丝塔
中文 您请看一下。

俄文 Я вас угощаю.
谐音 亚 瓦丝 乌嘎夏尤
中文 这顿饭我来请。

俄文 Сдачу оставьте себе.
谐音 兹达丘 阿丝塔夫伊杰 谢别
中文 不用找钱了。

俄文 Каждый платит сам за себя.
谐音 卡日得(dei)伊 普拉季特 萨姆 杂 谢比阿
中文 我们各付各的吧！

相关词汇

俄文	кофе	кофе с молоком	молоко
谐音	阔夫耶	阔夫耶 丝 马拉阔姆	马拉阔
中文	咖啡	牛奶咖啡	牛奶

俄文	сок	чай	пиво
谐音	索克	恰伊	皮瓦
中文	果汁	茶	啤酒

俄文	вино́	во́дка	шампа́нское
谐音	维伊诺	沃特卡	沙姆潘丝卡耶
中文	酒（多指葡萄酒）	伏特加	香槟

俄文	бу́лочка	сли́вочное ма́сло	ветчина́
谐音	布拉奇卡	丝利瓦奇纳耶 马丝拉	维耶特奇纳
中文	小面包	黄油	火腿

俄文	соси́ска	сыр	сала́т
谐音	萨西丝卡	丝诶了	萨拉特
中文	小灌肠	奶酪	沙拉

俄文	бито́чки	бутербро́ды	икра́
谐音	比托奇克伊	布杰了博罗得(dei)	伊克拉
中文	炸肉饼	三明治	鱼子

俄文	колбаса́	суп	бульо́н
谐音	卡尔巴萨	苏普	布利奥恩
中文	香肠	汤	清肉汤

俄文	щи	уха́	борщ
谐音	西	乌哈	博了西
中文	菜汤	鲜鱼汤	红菜汤

俄文	гуля́ш	тушёная ры́ба	солёные огурцы́
谐音	古俩(lia)诗	图绍纳亚 雷巴	萨廖内耶 阿古了茨诶
中文	炖肉块儿，焖肉块儿	烧鱼	小咸黄瓜

俄文	картофельное пюре	рис	каша
谐音	卡了托夫耶利纳耶 比乌来	利丝	卡沙
中文	土豆泥	米饭	粥

3 在邮局

俄文 Следующий.

谐音 丝列杜尤西伊

中文 下一位。

俄文 Здравствуйте, чем могу вам помочь?

谐音 兹德拉丝特乌伊杰 切姆 马古 瓦姆 帕莫奇

中文 您好,请问您需要什么服务?

俄文 Я хочу купить марки.

谐音 亚 哈丘 库皮奇 马了克伊

中文 我想买些邮票。

俄文 Я хочу купить памятные золотые монеты, посвящённые Олимпиаде2008.

谐音 亚 哈丘 库皮奇 帕米阿特内耶 杂拉得(dei)耶 马涅得(dei) 帕丝维晓内耶 阿利姆皮阿杰 沃西莫 德维耶得(dei)西恰 瓦西莫瓦

中文 我想买2008年的奥运纪念金币。

俄文 Как вы собираетесь посылать посылку?

谐音 卡克 维 萨比拉耶杰西 帕丝诶拉奇 帕丝诶尔库

中文 请问您的包裹要怎么邮寄?

俄文 Авиапочтой.

谐音 阿维伊阿泼奇塔伊

中文 航空邮寄吧。

俄文 Страхо́вку ну́жно?
谐音 丝特拉霍夫库 努日纳
中文 需要加保险吗？

俄文 Я хочу́ отпра́вить э́ту оде́жду посы́лкой в Санкт-Петербу́рг.
谐音 亚 哈丘 阿特普拉维伊奇 埃图 阿杰日杜 帕丝诶尔卡伊 夫 散克特捷了布了克
中文 我想把这些衣服用包裹寄往圣彼得堡。

俄文 Ско́лько на́до доплати́ть за курье́рскую слу́жбу?
谐音 丝阔利卡 纳达 达普拉季奇 杂 库利耶了丝库尤 丝鲁日布
中文 快递包裹的额外费用是多少？

俄文 Снача́ла взве́сьте.
谐音 丝纳恰拉 夫兹维耶西杰
中文 先称一下重。

俄文 Е́сли испо́льзовать курье́рскую слу́жбу, то ну́жно доплати́ть 100 рубле́й.
谐音 耶丝利 伊丝泼利杂瓦奇 库利耶了丝库尤 丝鲁日布 托 努日纳 达普拉季奇 丝托 鲁博列伊
中文 要是邮快递的话得另加100卢布。

俄文 Я хочу́ отпра́вить заказно́е письмо́.
谐音 亚 哈丘 阿特普拉维伊奇 杂卡兹诺耶 皮西莫
中文 我想寄挂号信。

俄文 Скажите, пожалуйста, где я могу это сделать?

谐音 丝卡日诶杰 帕日阿鲁丝塔 格杰 亚 马古 埃塔 兹杰拉奇

中文 请问在哪儿办理?

俄文 Проходите к соседнему окошку – отделу заказных писем.

谐音 普拉哈季杰 克 萨谢德涅姆 阿阔诗库 阿杰鲁 杂卡兹内赫 皮谢姆

中文 请到隔壁窗口邮件挂号部进行办理。

俄文 Заказное письмо оформлять в первом окошке.

谐音 杂卡兹诺耶 皮西莫 阿发了姆俩(lia)奇 夫 撒了瓦姆 阿阔诗克耶

中文 挂号信在第一个窗口办理。

俄文 Я хочу отправить заказное письмо в Владивосток.

谐音 亚 哈丘 阿特普拉维伊奇 杂卡兹诺耶 皮西莫 夫拉季瓦丝托克

中文 我想寄一封挂号信到海参崴。

俄文 Сколько времени это будет идти примерно?

谐音 丝阔利卡 夫列灭尼 埃塔 布杰特 伊季 普利灭了纳

中文 这大概需要多长时间?

俄文 Минимум, неделю.
谐音 米尼姆姆 涅杰柳
中文 最少也得花一个星期吧。

俄文 Неделя – это очень долгий срок.
谐音 涅杰俩(lia) 埃塔 奥琴 多尔格伊 丝罗克
中文 一个星期太长了。

俄文 Авиапочтой будет быстрее?
谐音 阿维伊阿泼奇塔伊 布杰特 贝丝特列耶
中文 航空邮件是不是能快些?

俄文 Да, если авиапочтой, то за 3 дня будет доставлено.
谐音 达 耶丝利 阿维伊阿泼奇塔伊 托 杂 特利 德尼阿 布杰特 达丝塔夫列纳
中文 是的，您要是寄航空邮件的话三天就能到。

俄文 Наверное, сегодня первая почта уже отправлена.
谐音 纳维耶了纳耶 谢沃德尼阿 撇了瓦亚 泼奇塔 乌日埃 阿特普拉夫列纳
中文 恐怕今天的头班邮件已经发出去了。

俄文 Если сейчас отправите, то успеете.
谐音 耶丝利 谢伊恰丝 阿特普拉维伊杰 托 乌丝撒耶杰
中文 现在寄的话还能赶上。

俄文 Вы не скажете, сколько стоит отправить это письмо в Москву.

谐音 维 涅 丝卡日诶杰 丝阔利卡 丝托伊特 阿特普拉维伊奇 阿塔 皮西莫 夫 马丝克乌

中文 能不能告诉我寄这封信到莫斯科要多少钱。

俄文 Подождите, заказным письмом 10 юаней.

谐音 帕达日季杰 杂卡兹内姆 皮西莫姆 杰西奇 元涅伊

中文 您稍等，挂号信要十元。

俄文 Простым 5 юаней.

谐音 普拉丝得(dei)姆 皮阿奇 元涅伊

中文 普通邮件要五元。

俄文 Курьерской 15 юаней.

谐音 库利耶了丝卡伊 皮特纳擦奇 元涅伊

中文 快件要十五元。

俄文 Это письмо вам очень важно.

谐音 埃塔 皮西莫 瓦姆 奥琴 瓦日纳

中文 这封信对您来说很重要。

俄文 Я предлагаю вам оформить страховку.

谐音 亚 普列德拉嘎尤 瓦姆 阿佛了米奇 丝特拉霍夫库

中文 我建议您上保险。

> **俄文** Скажите, пожалуйста, где можно подписаться на газеты и журналы?
>
> **谐音** 丝卡日诶杰 帕日阿鲁丝塔 格杰 莫日纳 帕特皮萨擦 纳 嘎兹耶得(dei) 伊 日乌了纳雷
>
> **中文** 请问在哪儿订阅报刊?

> **俄文** Проходите к пятому окошку – отделу подписки на газеты и журналы.
>
> **谐音** 普拉哈季杰 克 皮阿塔姆 阿阔诗库 阿杰鲁 帕特皮丝克伊 纳 嘎兹耶得(dei) 伊 日乌了纳雷
>
> **中文** 请到五号窗口的报刊订阅处。

> **俄文** Я пришёл/пришла за посылкой.
>
> **谐音** 亚 普利绍尔(男性使用)/普利诗拉(女性使用) 杂 帕丝诶尔卡伊
>
> **中文** 我来取包裹。

> **俄文** Скажите, пожалуйста, здесь можно получить посылку?
>
> **谐音** 丝卡日诶杰 帕日阿鲁丝塔 兹杰西 莫日纳 帕鲁奇奇 帕丝诶尔库
>
> **中文** 请问能在这儿取包裹吗?

> **俄文** Здесь можно оформить.
>
> **谐音** 兹杰西 莫日纳 阿佛了米奇
>
> **中文** 可以在这儿办理。

都市生活篇

俄文 Предъявите мне ваш паспорт/удостоверение личности и квитанцию на посылку.

谐音 普列德伊维杰 姆涅 瓦诗 帕丝帕了特/乌达丝塔维耶列尼耶 利奇纳丝季 伊 克维伊坦茨诶 纳帕丝诶尔库

中文 请给我看一下您的护照/身份证以及包裹单据。

俄文 Вы мне не скажете, как отправить письмо за границу?

谐音 维 姆涅 涅 丝卡日诶杰 卡克 阿特普拉维伊奇 皮丝莫 杂 格拉尼促

中文 您能告诉我怎么往国外寄信吗?

俄文 Заполните этот бланк.

谐音 杂泼尔尼杰 埃塔特 博兰克

中文 请填上这张单子。

俄文 На лицевой стороне заполните ваше имя, фамилию, адрес и номер телефона.

谐音 纳 利茨诶沃伊 丝塔拉涅 杂泼尔尼杰 瓦谁(shei) 伊米阿 发米利尤 阿德列丝 伊 诺灭了杰列佛纳

中文 正面填上姓名和地址以及您的联系电话。

俄文 На обратной стороне ничего не нужно заполнить.

谐音 纳 阿博拉特纳伊 丝塔拉涅 尼切沃 涅 努日纳 杂泼尔尼奇

中文 反面不用填写。

- 俄文 За 30 граммов письма сверх нормы.
- 谐音 杂 特利擦奇 格拉马夫 皮西马 丝维耶赫 诺了梅
- 中文 您的信超重三十克。

- 俄文 Вам надо доплатить 3 юаня.
- 谐音 瓦姆 纳达 达普拉季奇 特利 元尼阿
- 中文 您得补三元钱。

- 俄文 Я хочу переслать 3,000 юаней.
- 谐音 亚 哈丘 撒列丝拉奇 特利 得(dei)西恰 元涅伊
- 中文 我想汇三千元钱。

- 俄文 Заполните этот бланк.
- 谐音 杂泼尔尼杰 埃塔特 博兰克
- 中文 请把这张单据填写了吧。

- 俄文 Я посылаю стеклянное изделие.
- 谐音 亚 帕丝谈拉尤 丝杰克俩(lia)恩纳耶 伊兹杰利耶
- 中文 我邮寄的是玻璃器皿。

- 俄文 Скажите, что мне надо отметить.
- 谐音 丝卡日诶杰 诗托 姆涅 纳达 阿特灭季奇
- 中文 请问我该如何注明?

都市生活篇

俄文 Отме́тьте на посы́лке «бью́щийся».

谐音 阿特灭奇杰 纳 帕丝诶尔克耶 比尤西夏

中文 您在包裹上注明"易碎"字样就可以了。

相关词汇

俄文	по́чта	откры́тка	просто́е письмо́
谐音	泼奇塔	阿特克雷特卡	普拉丝托耶 皮西莫
中文	邮局	明信片	平信

俄文	заказно́е письмо́	письмо́ авиапо́чтой	бандеро́ль
谐音	杂卡兹诺耶 皮西莫	皮西莫 阿维伊 阿泼奇塔伊	班杰罗利
中文	挂号信	航空信	印刷品邮件

俄文	курье́рская слу́жба	посы́лка	ма́рка
谐音	库利耶了丝卡亚 丝鲁日巴	帕丝诶尔卡	马了卡
中文	特快专递	包裹	邮票

俄文	конве́рт	бланк для перево́да	бланк посы́лки
谐音	坎维耶了特	博兰克 德俩(lia) 撒列沃达	博兰克 帕丝诶尔克伊
中文	信封	汇款单	寄包裹单

俄文	обра́тная распи́ска	де́нежный перево́д	пла́та за перево́д
谐音	阿博拉特纳亚 拉丝皮丝卡	杰涅日内伊 撒列沃特	普拉塔 杂 撒列沃特
中文	回执	汇款	汇费

俄文	квита́нция	адреса́нт	адреса́т
谐音	克维伊坦茨诶亚	阿德列散特	阿德列萨特
中文	收据	寄信人	收信人

4 在银行

俄文 Добро́ пожа́ловать.
谐音 达博罗 帕日阿拉瓦奇
中文 欢迎光临。

俄文 Чем могу́ вам помо́чь?
谐音 切姆 马古 瓦姆 帕莫奇
中文 请问您需要什么服务?

俄文 Я хочу́ откры́ть счёт на срок.
谐音 亚 哈丘 阿特克雷奇 晓特 纳 丝罗克
中文 我想开个定期存款账户。

俄文 Я хочу́ спроси́ть, как взять креди́т на кварти́ру.
谐音 亚 哈丘 丝普拉西奇 卡克 夫兹阿奇 克列季特 纳 克瓦了季鲁
中文 我想咨询一下住房贷款如何申请。

俄文 Скажи́те, пожа́луйста, кака́я минима́льная су́мма для откры́тия счёта?
谐音 丝卡日诶杰 帕日阿鲁丝塔 卡卡亚 米尼马利纳亚 苏马 德俩(lia) 阿特克雷季亚 晓塔
中文 请问第一次储蓄的最低限额是多少?

俄文 Минима́льная су́мма – 10 юа́ней.
谐音 米尼马利纳亚 苏马 杰西奇 元涅伊
中文 最低限额是10元。

俄文 Я хочу́ откры́ть счёт.

谐音 亚 哈丘 阿特克雷奇 晓特

中文 我想开一个储蓄账户。

俄文 Скажи́те, пожа́луйста, как э́то сде́лать?

谐音 丝卡日诶杰 帕日阿鲁丝塔 卡克 埃塔 兹杰拉奇

中文 请问如何办理？

俄文 Снача́ла запо́лните бланк заявле́ния.

谐音 丝纳恰拉 杂泼尔尼杰 博兰克 杂伊夫列尼亚

中文 请您先填一张申请表。

俄文 Пото́м вложи́те 10 юа́ней.

谐音 帕托姆 夫拉日诶杰 杰西奇 元涅伊

中文 然后您再存10元钱。

俄文 В конце́ концо́в мы вам вы́дадим сберкни́жку.

谐音 夫 坎采 坎措夫 梅 瓦姆 维达季姆 兹别了克尼诗库

中文 最后我们会发一个存折给您。

俄文 Это ва́ша сберкни́жка.

谐音 埃塔 瓦沙 兹别了克尼诗卡

中文 这是您的存折。

> **俄文** Принесите, когда вы будете вкладывать деньги.

> **谐音** 普利涅西杰 卡克达 维 布杰杰 夫克拉得(dei) 瓦奇 坚格伊

> **中文** 存款时请带来。

> **俄文** Если потеряете, то немедленно сообщите в банк.

> **谐音** 耶丝利 帕杰俩(lia)耶杰 托 涅灭德连纳 萨阿博西杰 夫 班克

> **中文** 如若遗失，请立即通知银行。

> **俄文** Спасибо.

> **谐音** 丝帕西巴

> **中文** 谢谢。

> **俄文** Вы мне не скажете, какой курс российского рубля сегодня?

> **谐音** 维 姆涅 涅 丝卡日诶杰 卡阔伊 库了丝 拉西丝卡瓦 鲁博俩(lia) 谢沃德尼阿

> **中文** 您能告诉我现行俄罗斯货币的兑换率是多少吗？

> **俄文** Предъявите ваше удостоверение личности или другой действительный документ.

> **谐音** 普列德伊维杰 瓦谁(shei) 乌达丝塔维耶列尼耶 利奇纳丝季 伊利 德鲁果伊 杰伊丝特维杰利内伊 达库缅特

> **中文** 请出示您的身份证或其他有效证件。

> **俄文** Я хочу́ обменя́ть всю су́мму на сянга́нский до́ллар.
> **谐音** 亚 哈丘 阿博灭尼阿奇 夫休 苏姆 纳 香港丝克伊 多拉了
> **中文** 我想把汇款全部兑换成港元。

> **俄文** Хорошо́, подожди́те, пожа́луйста.
> **谐音** 哈拉绍 帕达日季杰 帕日阿鲁丝塔
> **中文** 好的，请稍等。

> **俄文** Запо́лните э́тот бланк.
> **谐音** 杂泼尔尼杰 埃塔特 博兰克
> **中文** 请您填好这张单据。

> **俄文** Извини́те, сего́дня мы не мо́жем произвести́ э́ту опера́цию.
> **谐音** 伊兹维伊尼杰 谢沃德尼阿 梅 涅 莫日诶姆 普拉伊兹维耶丝季 埃图 阿撒拉茨诶尤
> **中文** 对不起，我们今天无法办理这项业务。

> **俄文** Помоги́те мне посмотре́ть, пришёл ли перево́д из Пеки́на.
> **谐音** 帕马格伊杰 姆涅 帕丝马特列奇 普利绍尔 利 撒列沃特 伊丝 撒克伊纳
> **中文** 请帮我查一下是否有一笔来自北京的汇款。

> **俄文** Подожди́те, сейча́с посмотрю́.
> **谐音** 帕达日季杰 谢伊恰丝 帕丝马特柳
> **中文** 请稍等，我给您查一下。

俄文 Я хочу́ обменя́ть э́ту банкно́ту на моне́ты досто́инством в оди́н юа́нь.

谐音 亚 哈丘 阿博灭尼阿奇 埃图 班克诺图 纳 马涅得(dei) 达丝托音丝特瓦姆 瓦金 元

中文 我想把这张钞票换成一元的硬币。

俄文 Э́та банкно́та досто́инством в 100 рубле́й повреждена́.

谐音 埃塔 班克诺塔 达丝托音丝特瓦姆 夫 丝托 鲁博列伊 乌日埃 帕夫列日杰纳

中文 这张100卢布纸币损坏了。

俄文 Скажи́те, пожа́луйста, мо́жно обменя́ть на банкно́ту одина́кового досто́инства?

谐音 丝卡日诶杰 帕日阿鲁丝塔 莫日纳 阿博灭尼阿奇 纳 班克诺图 阿季纳卡瓦瓦 达丝托音丝特瓦

中文 请问我能换成同等面值的纸币吗?

俄文 Э́ту банкно́ту мо́жно обменя́ть то́лько на банкно́ту досто́инством в 50 рубле́й.

谐音 埃图 班克诺图 莫日纳 阿博灭尼阿奇 托利卡 纳 班克诺图 达丝托音丝特瓦姆 夫 皮杰夏特 鲁博列伊

中文 您这张只能换成50卢布的。

俄文 Е́сли поврежде́нная пло́щать ме́ньше 50%, то мо́жно обменя́ть на банкно́ту одина́кового досто́инства.

>谐音 耶丝利 帕夫列日焦纳亚 普罗夏奇 缅谁(shei) 皮季杰西季 普拉参塔夫 托 莫日纳 阿博灭尼 阿奇 纳 班克诺图 阿季纳卡瓦瓦 达丝托音丝 特瓦

>中文 如果损毁面积没有达到50%以上,就可以兑换成为同等面值的纸币。

>俄文 Скажи́те, пожа́луйста, кака́я проце́нтная ста́вка сейча́с?

>谐音 丝卡日诶杰 帕日阿鲁丝塔 卡卡亚 普拉参特纳亚 丝塔夫卡 谢伊恰丝

>中文 请问现行的存款利率是多少?

>俄文 Помоги́те мне посмотре́ть, пришёл ли мой перево́д.

>谐音 帕马格伊杰 姆涅 帕丝马特列奇 普利绍尔 利 莫伊 撒列沃特

>中文 请帮我查一下我的汇款到了没有。

>俄文 Хорошо́. Подожди́те, пожа́луйста.

>谐音 哈拉绍 帕达日季杰 帕日阿鲁丝塔

>中文 好的,请稍等。

>俄文 Пришёл.

>谐音 普利绍尔

>中文 到了。

俄文 Извините, ваш денежный перевод ещё не пришёл.

谐音 伊兹维伊尼杰 瓦诗 杰涅日内伊 撒列沃特 耶晓涅 普利绍尔

中文 对不起，您的汇款还没有到。

俄文 Как только придёт, мы вам сообщим по телефону.

谐音 卡克 托利卡 普利焦特 梅 瓦姆 萨阿博西姆 帕杰列佛努

中文 一旦到达，我们会电话通知您的。

俄文 Мне можно здесь обменять чек?

谐音 姆涅 莫日纳 兹杰西 阿博灭尼阿奇 切克

中文 我可以在这儿兑换支票吗？

俄文 Можно, напишите, пожалуйста, на обратной стороне номер счёта.

谐音 莫日纳 纳皮谁(shei)杰 帕日阿鲁丝塔 纳 阿博拉特纳伊 丝塔拉涅 诺灭了 晓塔

中文 可以，请在支票的背面写上账号。

俄文 Моя сберкнижка потерялась, что сделать?

谐音 马亚 兹别了克尼诗卡 帕杰俩(lia)拉西 诗托兹杰拉奇

中文 我的存折丢了怎么办？

俄文 Вам надо немедленно заявить об утере.

谐音 瓦姆 纳达 涅灭德连纳 杂伊维奇 阿布 杰列

中文 您得立即在我们这儿办理挂失手续。

相关词汇

俄文	банк	вклад	бессро́чный вклад
谐音	班克	夫克拉特	别丝罗奇内伊 夫克拉特
中文	银行	存款	活期存款

俄文	краткосро́чный вклад	сро́чный вклад	вкла́дчик
谐音	克拉特卡丝罗奇内伊 夫克拉特	丝罗奇内伊 夫克拉特	夫克拉特奇克
中文	短期存款	定期存款	存款人（储户）

俄文	гара́нтия	обме́нный пункт	обме́нный курс
谐音	嘎兰季亚	阿博缅内伊 普恩克特	阿博缅内伊 库了丝
中文	担保	兑换处	兑换率，汇率

俄文	иностра́нная валю́та	до́ллар	рубль
谐音	伊纳丝特兰纳亚 瓦柳塔	多拉了	鲁博利
中文	外币	美元	卢布

俄文	фунт сте́рлингов	франк	банкома́т
谐音	夫恩特 丝杰了林嘎夫	夫兰克	班卡马特
中文	英镑	法郎	自动提款机

俄文	креди́тка	сберега́тельная кни́жка	сберега́тельный биле́т
谐音	克列季特卡	兹别列嘎杰利纳亚 克尼诗卡	兹别列嘎杰利内伊 比列特
中文	信用卡	存折	存单

俄文	сберега́тельная квита́нция	де́нежный перево́д	посла́ть де́ньги
谐音	兹别列嘎杰利纳亚 克维伊坦茨诶亚	杰涅日内伊 撒列沃特	帕丝拉奇 坚格伊
中文	存款收据	汇款	寄钱

俄文	расписа́ться	пла́та за перево́д	бланк для перево́да
谐音	拉丝皮萨擦	普拉塔 杂 撒列沃特	博兰克 德俩(lia) 撒列沃达
中文	签收	汇费	汇款单

5 在医院

俄文 Мне́ ну́жно к врачу́-специали́сту.
谐音 姆涅 努日纳 克 夫拉丘 丝撒茨诶阿利丝图
中文 我要挂个专家诊。

俄文 У тебя́ есть исто́рия боле́зни и ка́рта медици́нского страхова́ния?
谐音 乌 杰比阿 耶丝奇 伊丝托利亚 巴列兹尼 伊 卡了塔 灭季茨诶恩丝卡瓦 丝特拉哈瓦尼亚
中文 您有病例和医保卡吗?

俄文 Вы ле́читесь за свой счёт?
谐音 维 列奇杰西 杂 丝沃伊 晓特
中文 您需要自己支付医药费吗?

俄文 Я лечу́сь беспла́тно.
谐音 亚 列丘西 别丝普拉特纳
中文 我享受公费医疗。

俄文 Э́то мой медици́нский страхово́й по́лис.
谐音 阿塔 莫伊 灭季茨诶恩丝克伊 丝特拉哈沃伊 泼利丝
中文 这是我的医疗保险单。

俄文 На что вы жа́луетесь?
谐音 纳 诗托 维 日阿鲁耶杰西
中文 您哪儿不舒服?

> **俄文** У меня голова болит.
> **谐音** 乌 灭尼阿 嘎拉瓦 巴利特
> **中文** 我觉得头疼。

> **俄文** Меня тошнит и рвёт.
> **谐音** 灭尼阿 塔诗尼特 伊 了维奥特
> **中文** 我恶心还想吐。

> **俄文** Уже некоторое время у меня что-то с сердцем.
> **谐音** 乌日埃 涅卡塔拉耶 夫列米阿 乌 灭尼阿 诗托塔 谢了茨诶姆
> **中文** 我感觉心脏不舒服已经有一段时间了。

> **俄文** В последнее время я чувствую слабость.
> **谐音** 夫 帕丝列德涅耶 夫列米阿 亚 丘丝特乌尤 丝拉巴丝奇
> **中文** 我这段时间一直感觉很虚弱。

> **俄文** По вечерам я сильно кашляю.
> **谐音** 帕 维耶切拉姆 亚 西利纳 卡诗俩(lia)尤
> **中文** 我晚上咳嗽得厉害。

> **俄文** У меня часто бывают головокружения.
> **谐音** 乌 灭尼阿 恰丝塔 贝瓦尤特 嘎拉瓦克鲁日埃尼亚
> **中文** 我老觉得头晕。

俄文 Кажется, всё кружится вокруг меня.
谐音 卡日诶擦 夫晓 克鲁日诶擦 瓦克鲁克 灭尼阿
中文 周围的东西好像都在跟着我转。

俄文 Я не знаю, в чём дело.
谐音 亚 涅 兹纳尤 夫 乔姆 杰拉
中文 我不知道是怎么回事。

俄文 Сейчас я измерю ваше давление.
谐音 谢伊恰丝 亚 伊兹灭柳 瓦谁(shei) 达夫列尼耶
中文 我先给您量一下血压。

俄文 Я измерю вашу температуру.
谐音 亚 伊兹灭柳 瓦舒 杰姆撇拉图鲁
中文 我给您测一下体温。

俄文 Возьмите направление, сделайте компьютерную томографию мозга.
谐音 瓦兹伊米杰 纳普拉夫列尼耶 兹杰拉伊杰 卡姆皮尤杰了努尤 塔马格拉夫伊尤 莫兹嘎
中文 您拿着这张单子去做个脑CT吧。

俄文 Разденьтесь до пояса.
谐音 拉兹坚杰西 达 泼伊萨
中文 请解开您的上衣。

都市生活篇

> 俄文 Когда́ начало́сь?
> 谐音 卡格达 纳恰罗西
> 中文 什么时候开始的?

> 俄文 Боле́ю с про́шлого ме́сяца, состоя́ние то улучша́ется, то ухудша́ется.
> 谐音 巴列尤 丝 普罗诗拉瓦 灭西擦 萨丝塔亚尼耶托 乌鲁奇沙耶擦 托 乌胡特沙耶擦
> 中文 从上个月开始就这样断断续续的。

> 俄文 Наве́рное, с про́шлой неде́ли начало́сь.
> 谐音 纳维耶了纳耶 丝 普罗诗拉伊 涅杰利 纳恰罗西
> 中文 大概是从上周就开始的吧。

> 俄文 Возьми́те э́тот реце́пт, пойди́те в апте́ку за лека́рствами.
> 谐音 瓦兹伊米杰 埃塔特 列采普特 帕伊季杰 瓦普杰库 杂 列卡了丝特瓦米
> 中文 请拿这张处方到药房取药。

> 俄文 Пото́м ещё раз ко мне.
> 谐音 帕托姆 耶晓 拉丝 卡 姆涅
> 中文 然后您再回来找我。

> 俄文 Мне не ну́жно де́лать вспомога́тельное лече́ние?
> 谐音 姆涅 涅 努日纳 杰拉奇 夫丝帕马嘎杰利纳耶 列切尼耶
> 中文 我不用再做些辅助治疗了吗?

> 俄文 Через сколько времени я поправлюсь?
> 谐音 切列丝 丝阔利卡 夫列灭尼 亚 帕普拉夫柳西
> 中文 多长时间能好啊?

> 俄文 Нужно ли соблюдать постельный режим?
> 谐音 努日纳 利 萨博柳达奇 帕丝杰利内伊 列日诶姆
> 中文 我用不用卧床休息啊?

> 俄文 Вам не нужно соблюдать диету.
> 谐音 瓦姆 涅 努日纳 萨博柳达奇 季耶图
> 中文 您没必要忌食。

> 俄文 Больше пейте тёплую воду, сок.
> 谐音 博利谁(shei) 撒伊杰 焦普鲁尤 沃杜 索克
> 中文 您多喝些温开水或果汁。

> 俄文 Меньше ешьте жирное.
> 谐音 缅谁(shei) 耶诗杰 日诶了纳耶
> 中文 您少吃油腻食物。

> 俄文 Потеплее одевайтесь.
> 谐音 帕杰普列耶 阿杰瓦伊杰西
> 中文 您要注意保暖。

俄文 Спасибо, доктор.
谐音 丝帕西巴 多克塔了
中文 谢谢您，医生。

俄文 Я буду делать, как вы рекомендовали.
谐音 亚 布杜 杰拉奇 卡克 维 列卡缅达瓦利
中文 我会照您的吩咐做的。

俄文 В последнее время я всегда волнуюсь.
谐音 夫 帕丝列德涅耶 夫列米阿 亚 夫谢格达 瓦尔努尤西
中文 我最近总是感觉到很紧张。

俄文 У меня настроение тоскливое.
谐音 乌 灭尼阿 纳丝特拉耶尼耶 塔丝克利瓦耶
中文 我心情很郁闷。

俄文 Не беспокойтесь.
谐音 涅 别丝帕阔伊杰西
中文 别担心。

俄文 Не так тяжело.
谐音 涅 塔克 季日诶罗
中文 没有那么严重。

俄文 Сохраните хорошее настроение.
谐音 萨赫拉尼杰 哈罗谁(shei)耶 纳丝特拉耶尼耶
中文 您要保持良好的心情。

俄文 Возьми́те себе́ о́тпуск.

谐音 瓦兹伊米杰 谢别 奥特普丝克

中文 给自己放个假。

俄文 Съе́зднте в путеше́ствие.

谐音 丝耶兹季杰 夫 普杰晒丝特维伊耶

中文 您出去旅旅游。

俄文 Хорошо́ отдохни́те.

谐音 哈拉绍 阿达赫尼杰

中文 好好地休息一下。

俄文 В после́днее вре́мя у меня́ ча́сто быва́ет бессо́нница.

谐音 夫 帕丝列德涅耶 夫列米阿 乌 灭尼阿 恰丝塔 贝瓦耶特 别索恩尼擦

中文 我最近经常失眠。

俄文 Трево́жно у меня́ на душе́.

谐音 特列沃日纳 乌 灭尼阿 纳 杜晒

中文 我总是心慌意乱的。

俄文 Ты голода́ешь, что́бы похуде́ть?

谐音 得(dei) 嘎拉达耶诗 诗托贝 帕胡杰奇

中文 你是不是在节食减肥?

俄文 На тебе́ лица́ нет.

谐音 纳 杰别 利擦 涅特

中文 你的脸色不是很好。

俄文 У вас сли́шком большо́й стресс на рабо́те.

谐音 乌 瓦丝 丝利诗卡姆 巴利绍伊 丝特列丝 纳 拉博杰

中文 你的工作压力太大了。

俄文 У тебя́ скло́нность к бессо́ннице.

谐音 乌 杰比阿 丝克罗恩纳丝奇 格 别索恩尼茨诶

中文 你有失眠症的倾向。

俄文 У меня́ из но́са течёт.

谐音 乌 灭尼阿 伊兹 诺萨 杰乔特

中文 我总是流鼻涕。

俄文 Я ча́сто чиха́ю.

谐音 亚 恰丝塔 奇哈尤

中文 我总打喷嚏。

俄文 У вас типи́чные симпто́мы аллерги́ческого рини́та.

谐音 乌 瓦丝 季皮奇内耶 西姆普托梅 阿列了格伊切丝卡瓦 利尼塔

中文 您是典型的过敏性鼻炎。

俄文 Раньше у вас были симптомы аллергии?

谐音 兰谁(shei) 乌 瓦丝 贝利 西姆普托梅 阿列了格伊伊

中文 您以前有过过敏症状吗?

俄文 У меня аллергия на цветение.

谐音 乌 灭尼阿 阿列了格伊亚 纳 茨维耶杰尼耶

中文 我对花粉过敏。

俄文 Когда весной пыльца летает, у меня на лице появляется сыпь.

谐音 卡格达 维耶丝诺伊 佩利擦 列塔耶特 乌 灭尼阿 纳 利采 帕伊夫俩(lia)耶擦 丝诶皮

中文 一到春天传播花粉的时候,我脸上就起疙瘩。

俄文 У меня аллергия на пенициллин.

谐音 乌 灭尼阿 阿列了格伊亚 纳 撒尼茨诶林

中文 我对青霉素过敏。

俄文 Уже месяц у меня зуб болит.

谐音 乌日埃 灭西茨 乌 灭尼阿 祖普 巴利特

中文 我的这颗牙已经疼了一个月了。

俄文 Сначала надо, чтобы воспаление прошло.

谐音 丝纳恰拉 纳达 诗托贝 瓦丝帕列尼耶 普拉诗罗

中文 我先给您消消炎。

都市生活篇

俄文 Сегодня я очень плохо себя чувствую.
谐音 谢沃德尼阿 亚 奥琴 普罗哈 谢比阿 丘丝特乌尤
中文 我今天感觉很难受。

俄文 Наверное, у меня температура.
谐音 纳维耶了纳耶 乌 灭尼阿 杰姆撒拉图拉
中文 我好像有点儿发烧。

俄文 Измерьте сначала температуру.
谐音 伊兹灭利杰 丝纳恰拉 杰姆撒拉图鲁
中文 您先量量体温。

俄文 В последнее время слабый аппетит.
谐音 夫 帕丝列德涅耶 夫列米阿 丝拉贝伊 阿撒季特
中文 我最近胃口不太好。

俄文 Ничего не хочется есть.
谐音 尼切沃 涅 霍切擦 耶丝奇
中文 我什么也不想吃。

俄文 Меня часто рвёт.
谐音 灭尼阿 恰丝塔 了维奥特
中文 我老想吐。

俄文 Вам надо сделать гастрокопию.
谐音 瓦姆 纳达 兹杰拉奇 嘎丝特拉阔皮尤
中文 您去做个胃镜。

俄文 Ещё сделайте анализ крови.
谐音 耶晓 兹杰拉伊杰 阿纳利丝 克罗维伊
中文 您再去验个血。

俄文 Когда можно узнать результат?
谐音 卡格达 莫日纳 乌兹纳奇 列祖利塔特
中文 什么时候才能知道结果?

俄文 Через три дня будет результат.
谐音 切列丝 特利 德尼阿 布杰特 列祖利塔特
中文 三天后能出来结果。

俄文 Через полчаса пойдите в центр приёма анализов за результатом.
谐音 切列丝 帕尔恰萨 帕伊季杰 夫 参特了 普利要马 阿纳利杂夫 杂 列祖利塔塔姆
中文 半个小时后去化验中心领取化验结果。

俄文 Мне необходимо немедленно лечь в больницу?
谐音 姆涅 涅阿博哈季马 涅灭德连纳 列奇 夫 巴利尼促
中文 我必须马上住院吗?

俄文 Да, вам необходимо немедленно лечь в больницу на операцию.
谐音 达 瓦姆 涅阿博哈季马 涅灭德连纳 列奇 夫 巴利尼促 纳 阿撒拉茨诶尤
中文 是的,您必须马上住院接受手术。

俄文 Вы чу́вствуете себя́ лу́чше?
谐音 维 丘丝特乌耶杰 谢比阿 鲁奇谁(shei)
中文 您感觉好些了吗?

俄文 Мне лу́чше.
谐音 姆涅 鲁奇谁(shei)
中文 我好些了。

俄文 Я пришёл/пришла́ на втори́чное обсле́дование.
谐音 亚 普利绍尔(男性使用)/普利诗拉(女性使用) 纳 夫塔利奇纳耶 阿普丝列达瓦尼耶
中文 我来复查。

俄文 Неде́лю наза́д я переста́л/переста́ла принима́ть лека́рство.
谐音 涅杰柳 纳杂特 亚 撇列丝塔尔(男性使用)/撇列丝塔拉(女性使用) 普利尼马奇 列卡了丝特瓦
中文 我已经停药一周了。

俄文 Моё здоро́вье совсе́м не улу́чшилось.
谐音 马要 兹达罗维耶 萨夫谢姆 涅 乌鲁奇谁(shei)拉西
中文 我根本没有好转。

> 俄文 Каков результат вторичного обследования?
> 谐音 卡阔夫 列祖利塔特 夫塔利奇纳瓦 阿普丝列达瓦尼亚
> 中文 复查的结果怎么样？

> 俄文 Вы уже совсем поправились.
> 谐音 维 乌日埃 萨夫谢姆 帕普拉维伊利西
> 中文 您已经完全康复了。

相关词汇

俄文	больница	поликлиника	врач
谐音	巴利尼擦	帕利克利尼卡	夫拉奇
中文	医院	诊所	医生

俄文	медсестра	простуда	грипп
谐音	灭特谢丝特拉	普拉丝图达	格利普
中文	护士	感冒	流感

俄文	насморк	давление	регистратура
谐音	纳丝马了克	达夫列尼耶	列格伊丝特拉图拉
中文	伤风	高血压	挂号处

俄文	терапевт	хирург	диагноз
谐音	杰拉撒夫特	赫伊鲁了克	季阿格纳丝
中文	内科	外科	诊断

俄文	рентген	операция	лекарство
谐音	连特格耶恩	阿撒拉茨诶亚	列卡了丝特瓦
中文	X光检查	手术	药

都市生活篇

俄文	антибио́тик	пеницилли́н	эритромици́н
谐音	安季比奥季克	撒尼茨诶林	埃利特拉米茨诶恩
中文	抗生素	青霉素	红霉素

俄文	аспири́н	спи́рт	де́лать уко́л
谐音	阿丝皮林	丝皮了特	杰拉奇 乌阔尔
中文	阿司匹林	酒精	打针

俄文	ка́пельное влива́ние	лежа́ть в больни́це	вы́писаться из больни́цы
谐音	卡撒利纳耶 夫利瓦尼耶	列日阿奇 夫巴利尼茨乌	维皮萨擦 伊兹巴利尼茨诶
中文	输液	住院	出院

6 在美发店

俄文 Скажите, пожалуйста, какие парикмахерские услуги вам нужны?

谐音 丝卡日诶杰 帕日阿鲁丝塔 卡克伊耶 帕利克马赫耶了丝克伊耶 乌丝鲁格伊 瓦姆 努日内

中文 请问您需要哪些美发服务？

俄文 Мне только нужно волосы постричь.

谐音 姆涅 托利卡 努日纳 沃拉丝诶 帕丝特利奇

中文 我只要修剪一下头发就可以了。

俄文 Мне нужно сделать питательную маску для волос.

谐音 姆涅 努日纳 兹杰拉奇 皮塔杰利努尤 马丝库 德俩(lia) 沃拉丝

中文 我想做个营养。

俄文 Вымойте мои волосы и высушите.

谐音 维马伊杰 马伊 沃拉丝诶 伊 维苏谁(shei)杰

中文 请给我洗洗头发再吹干。

俄文 Вам нужно помыть волосы?

谐音 瓦姆 努日纳 帕梅奇 沃拉丝诶

中文 您想洗洗头发吗？

俄文 Хорошо, помойте.

谐音 哈罗绍 帕莫伊杰

中文 行，洗吧。

俄文 Не нужно.
谐音 涅 努日纳
中文 不用了。

俄文 Я только что помыл/помыла.
谐音 亚 托利卡 诗托 帕梅尔（男性使用）/帕梅拉（女性使用）
中文 我刚刚洗完。

俄文 Какую причёску вы хотите сделать?
谐音 卡库尤 普利乔丝库 维 哈季杰 兹杰拉奇
中文 您想做什么样的发型?

俄文 Я хочу постричь волосы покороче.
谐音 亚 哈丘 帕丝特利奇 沃拉丝诶 帕卡罗切
中文 我想把头发剪得更短些。

俄文 Я советую вам эту новую причёску.
谐音 亚 萨维耶图尤 瓦姆 埃图 诺乌尤 普利乔丝库
中文 我建议您做这款新发型。

俄文 Она идёт вашему лицу.
谐音 阿纳 伊焦特 瓦谁(shei)姆 利茨乌
中文 这很适合您的脸型。

俄文 У меня много перхоти.
谐音 乌 灭尼阿 姆诺嘎 撒了霍季
中文 我的头发有很多头皮屑。

俄文 Вы не скажете, что мне делать?
谐音 维 涅 丝卡日诶杰 诗托 姆涅 杰拉奇
中文 您说我该怎么办啊?

俄文 Несомненно, что у вас жирные волосы.
谐音 涅萨姆涅恩纳 诗托 乌瓦丝 日诶了内耶 沃拉丝诶
中文 您肯定是油性发质。

俄文 Вы можете попробовать мыть волосы каждый день.
谐音 维 莫日诶杰 帕普罗巴瓦奇 梅奇 沃拉丝诶 卡日得(dei)伊 坚
中文 您可以试着每天洗头发。

俄文 Я вам предлагаю лечебный шампунь.
谐音 亚 瓦姆 普列德拉嘎尤 列切博纳伊 沙姆普尼
中文 我建议您用药用的洗发水。

俄文 Мне давно надоела моя причёска.
谐音 姆涅 达夫诺 纳达耶拉 马亚 普利乔丝卡
中文 我早就厌倦了我的发型。

俄文 Помогите мне изменить причёску.
谐音 帕马格伊杰 姆涅 伊兹灭尼奇 普利乔丝库
中文 您给我换个发型吧。

俄文 Это журнал модных причёсок, сначала вы посмотрите его.

谐音 埃塔 茹了纳尔 莫德内赫 普利乔萨克 丝纳恰拉 维 帕丝马特利杰 耶沃

中文 这是发型书，您自己先看一下。

俄文 Я предлагаю вам постричь волосы на висках покороче.

谐音 亚 普列德拉嘎尤 瓦姆 帕丝特利奇 沃拉丝诶 纳 维丝卡赫 帕卡罗切

中文 我建议您把两边剪短些。

俄文 Я предлагаю вам расчесать на прямой ряд.

谐音 亚 普列德拉嘎尤 瓦姆 拉谢萨奇 纳 普俩(lia)莫伊 俩(lia)特

中文 您留个中分发应该很好看。

俄文 Я предлагаю постричь волосы покороче позади.

谐音 亚 普列德拉嘎尤 帕丝特利奇 沃拉丝诶 帕卡罗切 帕杂季

中文 您尝试一下把后面的头发剪得短些。

俄文 Я предлагаю оставить подлиннее на висках, как вам?

谐音 亚 普列德拉嘎尤 阿丝塔维伊奇 帕德林涅耶 纳 维丝卡赫 卡克 瓦姆

中文 我建议您两边留长，怎么样？

俄文 У вас волосы на макушке густые.
谐音 乌 瓦丝 沃拉丝诶 纳 马库诗克耶 古丝得(dei)耶
中文 您头顶的头发很厚。

俄文 Я сниму побольше.
谐音 亚 丝尼姆 帕博利谁(shei)
中文 我得给您削薄一点儿。

俄文 Я хочу сделать волосы волнистыми.
谐音 亚 哈丘 兹杰拉奇 沃拉丝诶 瓦尔尼丝得(dei)米
中文 我想留个大波浪似的发型。

俄文 Я хочу постричь ёжиком.
谐音 亚 哈丘 帕丝特利奇 要日诶卡姆
中文 我想剪个平头。

俄文 Хорошо, я постараюсь удовлетворить ваши требования.
谐音 哈拉绍 亚 帕丝塔拉尤西 乌达夫列特瓦利奇 瓦谁(shei) 特列巴瓦尼亚
中文 好的，我将尽量满足您的要求。

俄文 Эта причёска вам не очень идёт.
谐音 埃塔 普利乔丝卡 瓦姆 涅 奥琴 伊焦特
中文 您梳这个发型不太合适。

> 俄文 Я вам сде́лаю но́вую.
> 谐音 亚 瓦姆 兹杰拉尤 诺乌尤
> 中文 我给您重新设计个发型。

> 俄文 Посмотри́те са́ми, вы удовлетворены́?
> 谐音 帕丝马特利杰 萨米 维 乌达夫列特瓦列内
> 中文 您自己看看满不满意？

> 俄文 Мне ка́жется, позади́ во́лосы немно́жго дли́нные.
> 谐音 姆涅 卡日诶擦 帕杂季 沃拉丝诶 涅姆诺诗卡 德林内耶
> 中文 我觉得后面有点儿长。

> 俄文 Подстриги́те ещё.
> 谐音 帕茨特利格伊杰 耶晓
> 中文 再修剪一下吧。

> 俄文 Покра́шенные во́лосы сейча́с в мо́де.
> 谐音 帕克拉申内耶 沃拉丝诶 谢伊恰丝 夫 莫杰
> 中文 现在很流行染发。

> 俄文 Вы не хоти́те покра́сить свои́ во́лосы.
> 谐音 维 涅 哈季杰 帕克拉西奇 丝沃伊 沃拉丝诶
> 中文 您也染一下头发吧。

俄文 Я люблю только чёрного цвета, пусть так.

谐音 亚 柳博柳 托利卡 乔了纳瓦 茨维耶塔 普丝奇塔克

中文 我就喜欢自然黑色，还是算了吧。

俄文 Я хочу покрасить волосы в светло-коричневый цвет.

谐音 亚 哈丘 帕克拉西奇 沃拉丝诶 夫 丝维耶特拉卡利奇涅维伊 兹维耶特

中文 我想染浅棕色的头发。

俄文 Сколько это стоит?

谐音 丝阔利卡 埃塔 丝托伊特

中文 这需要多少钱？

俄文 У вас делают мелирование?

谐音 乌 瓦丝 杰拉尤特 灭利拉瓦尼耶

中文 你们这儿有挑染吗？

俄文 Девушка, ваши волосы очень сухие.

谐音 杰乌诗卡 瓦谁(shei) 沃拉丝诶 奥琴 苏赫伊耶

中文 小姐，您的头发太干了。

俄文 Вам необходима питательная маска для волос.

谐音 瓦姆 涅阿博哈季马 皮塔杰利纳亚 马丝卡 德俩(lia) 沃拉丝

中文 您应该做一下营养。

俄文 Тогда́ сде́лайте.

谐音 塔格达 兹杰拉伊杰

中文 那就护理一下吧。

俄文 Ско́лько сто́ит не о́чень дорога́я ма́ска для воло́с?

谐音 丝阔利卡 丝托伊特 涅 奥琴 达拉嘎亚 马丝卡 德俩(lia) 沃拉丝

中文 用中档焗油膏的话，需要多少钱？

相关词汇

俄文	парикма́херская	парикма́хер	парикма́херша
谐音	帕利克马赫耶了丝卡亚	帕利克马赫耶了	帕利克马赫耶了沙
中文	理发店	理发师（男）	理发师（女）

俄文	причёска	зави́вка	стри́жка
谐音	普利乔丝卡	杂维伊夫卡	丝特利诗卡
中文	发型	烫发	剪发

俄文	ёжиком	чёлка	мелирова́ние
谐音	要日诶卡姆	乔尔卡	灭利拉瓦尼耶
中文	（理）平头	刘海儿	片染

俄文	фен	гель	шампу́нь
谐音	夫耶恩	格耶利	沙姆普尼
中文	电吹风	发胶	香波

俄文	масса́ж	холо́дная зави́вка	ма́сло для воло́с
谐音	马萨诗	哈罗德纳亚 杂维伊夫卡	马丝拉 德俩(lia) 沃拉丝
中文	按摩	冷烫	发油

俄文	кра́сить во́лосы	суши́ть	мыть го́лову
谐音	克拉西奇 沃拉丝诶	苏谁(shei)瓦奇 沃拉丝诶	梅奇 果拉乌
中文	染发	吹头发	洗头

7 在干洗店

俄文 Мне нужно почистить несколько костюмов.
谐音 姆涅 努日纳 帕奇丝季奇 涅丝卡利卡 卡丝久马夫
中文 我想在这儿洗几件衣服。

俄文 Сколько это стоит?
谐音 丝阔利卡 埃塔 丝托伊特
中文 这需要多少钱?

俄文 Общая чистка 20 юаней.
谐音 奥博夏亚 奇丝特卡 德瓦擦奇 元涅伊
中文 正常洗的话要20元。

俄文 Срочная чистка дороже на 10%.
谐音 丝罗奇纳亚 奇丝特卡 达罗日埃 纳 杰西奇 普拉参塔夫
中文 快洗的话得加10%的费用。

俄文 Чистка полупальто 20 юаней.
谐音 奇丝特卡 帕鲁帕利托 德瓦擦奇 元涅伊
中文 一件短大衣要20元钱。

俄文 Мне срочно нужно.
谐音 姆涅 丝罗奇纳 努日纳
中文 挺着急的。

俄文 Если бо́льше трёх, мы мо́жем вам сде́лать ски́дку в 12%.

谐音 耶丝利 博利谁(shei) 特廖赫 梅 莫日诶姆 瓦姆 兹杰拉奇 丝克伊特库 夫 德维耶纳擦奇 普拉参塔夫

中文 超过三件以上我们可以给您打8.8折。

俄文 Вам ну́жно сро́чную чи́стку?

谐音 瓦姆 努日纳 丝罗奇努尤 奇丝特库

中文 您的衣服着急取吗?

俄文 Да, мне сро́чно ну́жен э́тот костю́м.

谐音 达 姆涅 丝罗奇纳 努日恩 埃塔特 卡丝久姆

中文 是啊,这衣服我等着穿。

俄文 Не о́чень сро́чно.

谐音 涅 奥琴 丝罗奇纳

中文 不怎么着急。

俄文 Мне ну́жно, что́бы был гото́в до суббо́ты.

谐音 姆涅 努日纳 诗托贝 贝尔 嘎托夫 达 苏博得(dei)

中文 周六之前给我洗好就行了。

俄文 Жела́тельно, что́бы был гото́в за́втра до десяти́ часо́в утра́.

谐音 日诶拉杰利纳 诗托贝 贝尔 嘎托夫 杂夫特拉 达 杰西季 恰索夫 乌特拉

中文 您最好明天上午十点之前给我洗出来。

俄文 Когда́ мои́ костю́мы бу́дут гото́вы?

谐音 卡格达 马伊 卡丝久梅 布杜特 嘎托维

中文 我的衣服什么时候能洗好？

俄文 Для химчи́стки обы́чно ну́жно три дня.

谐音 德俩(lia) 赫伊姆奇丝特克伊 阿贝奇纳 特利 德尼阿

中文 干洗一般需要三天的时间。

俄文 Обы́чно срок выполне́ния – оди́н день.

谐音 阿贝奇纳 丝罗克 维帕尔涅尼亚 阿金 坚

中文 一般都要一天的时间。

俄文 Е́сли предъяви́ть осо́бые тре́бования, то мы мо́жем поспеши́ть.

谐音 耶丝利 普列德伊维奇 阿索贝耶 特列巴瓦尼亚 托 梅 莫日诶姆 帕丝撒谁(shei)奇

中文 如果有特殊需要的话，我们可以赶一赶。

俄文 Э́ти костю́мы бу́дут гото́вы сего́дня к ве́черу.

谐音 埃季 卡丝久梅 布杜特 嘎托维 谢沃德尼阿 克维耶切鲁

中文 这些衣服今天傍晚之前就能洗好。

俄文 Посмотри́те, мо́жно ли вы́вести э́то гря́зное пятно́?
谐音 帕丝马特利杰 莫日纳 利 维维耶丝季 埃塔 格俩(lia)兹纳耶 皮特诺
中文 您看看这个污渍能洗掉吗?

俄文 Э́то пятно́ от су́па.
谐音 埃塔 皮特诺 阿特 苏帕
中文 您这是沾上菜汤了吧。

俄文 Не пробле́ма.
谐音 涅 普拉博列马
中文 没问题。

俄文 Обяза́тельно вы́ведем.
谐音 阿比杂杰利纳 维维耶杰姆
中文 肯定能洗掉。

俄文 Не беспоко́йтесь.
谐音 涅 别丝帕阔伊杰西
中文 放心吧。

俄文 Мы постара́емся вы́вести его́.
谐音 梅 帕丝塔拉耶姆夏 维维耶丝季 耶沃
中文 我们会想办法把它洗掉。

俄文 Эти костю́мы ну́жно отда́ть в сти́рку и́ли химчи́стку?

谐音 埃季 卡丝久梅 努日纳 阿达奇 夫 丝季了库 伊利 赫伊姆奇丝特库

中文 这些衣服是要干洗还是水洗？

俄文 Руба́шку и спорти́вный костю́м в сти́рку.

谐音 鲁巴诗库 伊 丝帕了季夫内伊 卡丝久姆 夫 丝季了诗库

中文 衬衫和运动衫水洗。

俄文 Пальто́ из кашеми́ра в химчи́стку.

谐音 帕利托 伊丝 卡谁(shei)米拉 夫 赫伊姆奇丝特库

中文 羊绒大衣干洗。

俄文 Я хочу́ переши́ть э́тот костю́м.

谐音 亚 哈丘 撒列谁(shei)奇 埃塔特 卡丝久姆

中文 我想要把这套西装改一下。

俄文 Снача́ла я изме́рю ваш рост.

谐音 丝纳恰拉 亚 伊兹灭柳 瓦诗 罗丝特

中文 我先给您量一下身长。

俄文 Я пришёл/пришла́ за пальто́.

谐音 亚 普利绍尔（男性使用）/普利诗拉（女性使用） 杂 帕利托

中文 我来取大衣。

俄文 Хорошо́, вы не пока́жете ва́шу квита́нцию?
谐音 哈罗绍 维 涅 帕卡日诶杰 瓦舒 克维伊坦茨诶尤
中文 好的,请给我看一下您的收据好吗?

俄文 Извини́те, ваш костю́м ещё не гото́в.
谐音 伊兹维伊尼杰 瓦诗 卡丝久姆 耶晓 涅 嘎托夫
中文 对不起,您的衣服还没有洗好。

俄文 За́втра когда́ костю́м бу́дет гото́в, мы его́ доста́вим вам на дом.
谐音 杂夫特拉 卡格达 卡丝久姆 嘎托夫 梅 耶沃 达丝塔维伊姆 瓦姆 纳 达姆
中文 明天洗好了我们给您送上门。

俄文 Подожди́те, э́то ва́ше пальто́.
谐音 帕达日季杰 埃塔 瓦谁(shei) 帕利托
中文 请稍等,这是您的大衣。

俄文 Извини́те, господи́н, ва́ше пальто́ немно́жко полиня́ло по́сле чи́стки.
谐音 伊兹维伊尼杰 嘎丝帕金 瓦谁(shei) 帕利托 涅姆诺诗卡 帕利尼阿拉 泼丝列 奇丝特克伊
中文 对不起,先生,您的大衣有点儿洗褪色了。

俄文 Мы и́скренне сожале́ем об э́том.
谐音 梅 伊丝克连纳 萨日阿列耶姆 阿拜塔姆
中文 我们诚心地为此抱歉。

俄文 Мы заплатим компенсацию за ваше пальто.

谐音 梅 杂普拉季姆 卡姆撒恩萨茨诶尤 杂 瓦谁(shei) 帕利托

中文 我们会赔偿您的大衣的。

相关词汇

俄文	химчистка	прачечная	кроить
谐音	赫诶姆奇丝特卡	普拉切奇纳亚	克拉伊奇
中文	干洗店	洗衣店	裁剪

俄文	шить	зашивать	гладить
谐音	谁(shei)奇	杂谁(shei)瓦奇	格拉季奇
中文	缝制	缝合，补好	熨烫

俄文	чистить	стирать	чинить
谐音	奇丝季奇	丝季拉奇	奇尼奇
中文	干洗	水洗	修理，修补

二、旅行必备篇

1 交通出行

（1）飞机

订票

俄文 Я хочу́ заброни́ровать авиабиле́т в Шанха́й.

谐音 亚 哈丘 杂博拉尼拉瓦奇 阿维伊阿比列特 夫 上海

中文 我想预订一个去上海的机位。

俄文 Скажи́те, пожа́луйста, ско́лько сто́ит авиабиле́т?

谐音 丝卡日诶杰，帕日阿鲁丝塔，丝阔利卡 丝托伊特 阿维伊阿比列特

中文 请问票价是多少？

俄文 В оди́н коне́ц и́ли туда́ и обра́тно?

谐音 瓦金 卡涅茨 伊利 图达 伊 阿博拉特纳

中文 单程还是往返？

俄文 Авиабиле́т эконом-кла́сса Москва́- Шанха́й в оди́н коне́ц сто́ит 800 до́лларов.

谐音 阿维伊阿比列特 埃卡纳姆-克拉萨 马丝克瓦-上海 瓦金 卡涅茨 丝托伊特 瓦谢米索特 多拉拉夫

中文 从莫斯科到上海的经济舱单程票价是800美元。

>**俄文** Вам билет эконом-класса?

>**谐音** 瓦姆 比列特 埃卡诺姆-克拉萨

>**中文** 您乘坐的是经济舱,对吗?

>**俄文** Вам билет второго или первого класса?

>**谐音** 瓦姆 比列特 夫塔罗瓦 伊利 别了瓦瓦 克拉萨

>**中文** 您要订二等票还是一等票?

办理登机手续

>**俄文** Когда начинается регистрация на рейс?

>**谐音** 卡格达 纳奇纳耶擦 列格伊丝特拉茨诶亚 纳列伊丝

>**中文** 何时办理乘机手续?

>**俄文** Вы должны зарегистрироваться в аэропорту за час или за 45 минут до вылета.

>**谐音** 维 达尔日内 杂列格伊丝特利拉瓦擦 瓦埃拉帕了图 杂 恰丝 伊利 杂 索拉克 皮阿奇 米努特 达 维列塔

>**中文** 您必须在提前45分钟或1小时到机场办理登机手续。

>**俄文** Вам лучше посмотреть на электронное табло.

>**谐音** 瓦姆 鲁奇谁(shei) 帕丝马特列奇 纳 埃列克特罗恩纳耶 塔博罗

>**中文** 您最好看一下大屏幕。

俄文 Рейс задéрживается.
谐音 列伊丝 杂杰了日诶瓦耶擦
中文 飞机延误了。

俄文 Послýшайте, пожáлуйста, по рáдио.
谐音 帕丝鲁沙伊杰 帕日阿鲁丝塔 帕 拉季奥
中文 您听广播通知吧！

俄文 Регистрáция на рейс ужé началáсь?
谐音 列格伊丝特拉茨诶亚 纳 列伊丝 乌日埃 纳恰拉西
中文 我可以办理登机手续了吗？

俄文 Мóжно. Предъявúте вáше удостоверéние лúчности/ваш пáспорт.
谐音 莫日纳 普列德伊维杰 瓦谁(shei)乌达丝塔维耶列尼耶 利奇纳丝季/ 瓦诗 帕丝帕了特
中文 可以，请出示您的身份证/护照。

俄文 Регистрáция на ваш рейс ещё не началáсь.
谐音 列格伊丝特拉茨诶亚 纳 瓦诗 列伊丝 耶晓 涅 纳恰拉西
中文 您的航班还没有开始办理登机手续。

俄文 Подождúте, пожáлуйста.
谐音 帕达日季杰 帕日阿鲁丝塔
中文 请稍等。

> 俄文 Предъяви́те биле́т.
> 谐音 普列德伊维杰 比列特
> 中文 请出示机票。

> 俄文 Вам ме́сто у окна́ и́ли у прохо́да, господи́н?
> 谐音 瓦姆 灭丝塔 乌 阿克纳 伊利 乌 普拉霍达 嘎丝帕金
> 中文 您是要靠窗的还是要靠通道的座位，先生？

> 俄文 Мне ну́жно ме́сто у окна́ в куря́щем сало́не.
> 谐音 姆涅 努日纳 灭丝塔 乌 阿克纳 夫 库利阿谢姆 萨罗涅
> 中文 我想要吸烟间里靠窗的座位。

> 俄文 Нам необходи́мо ме́сто у окна́, в некуря́щем сало́не.
> 谐音 纳姆 涅阿博哈季马 灭丝塔 乌 阿克纳 夫 涅库利阿谢姆 萨罗涅
> 中文 我们一定要个靠窗的座位，在禁烟区。

> 俄文 У прохо́да.
> 谐音 乌 普拉霍达
> 中文 靠通道的。

行李托运

> 俄文 Мне ну́жно сдать в бага́ж два чемода́на.
> 谐音 姆涅 努日纳 兹达奇 夫 巴嘎诗 德瓦 切马达纳
> 中文 我有两件行李要办托运。

旅行必备篇

俄文 Мне мо́жно взять э́ту су́мку с собо́й?

谐音 姆涅 莫日纳 夫兹阿奇 埃图 苏姆库 萨博伊

中文 我可以带着这个小提包吗?

俄文 Извини́те, ручна́я кладь не бо́льше 10 кг.

谐音 伊兹维伊尼杰 鲁奇纳亚 克拉奇 涅 博利谁(shei) 杰西季 克伊拉格拉马夫

中文 对不起,手拎行李不可以超过10公斤。

安检

俄文 Прошу́ пройти́ контро́ль безопа́сности.

谐音 普拉舒 普拉伊季 坎特罗利 别杂帕丝纳丝季

中文 请您接受安全检查。

俄文 Прошу́ пройти́ иммиграцио́нный контро́ль

谐音 普拉舒 普拉伊季 伊米格拉茨诶奥恩内伊 坎特罗利

中文 请您接受移民检查。

俄文 Ве́рхнюю оде́жду ну́жно снять?

谐音 维耶了赫纽尤 阿杰日杜 努日纳 丝尼阿奇

中文 要脱掉外套吗?

俄文 Подними́тесь наве́рх и пройди́те контро́ль безопа́сности.

谐音 帕德尼米杰西 纳维耶了赫 伊 普拉伊季杰 坎特罗利 别杂帕丝纳丝季

中文 请您到楼上继续进行安全检查。

俄文 В чём де́ло? У вас каки́е-то пробле́мы?
谐音 夫 乔姆 杰拉 乌 瓦丝 卡克伊耶塔 普拉博列梅
中文 怎么了，有什么问题吗？

俄文 У меня́ нет багажа́.
谐音 乌 灭尼亚 涅特 巴嘎日阿
中文 我什么行李都没带呀。

俄文 У меня́ нет деклари́руемых веще́й.
谐音 乌 灭尼亚 涅特 杰克拉利鲁耶梅赫 维耶谢伊
中文 我没有带需要上税的东西。

俄文 Но у вас не́сколько штук часо́в.
谐音 诺 乌 瓦丝 涅丝卡利卡 诗图克 恰索夫
中文 可是您这里有几块表。

俄文 Хорошо́. Проходи́те, пожа́луйста.
谐音 哈拉绍 普拉哈季杰 帕日阿鲁丝塔
中文 好的，那您可以通过了。

海关

俄文 Да́йте мне, пожа́луйста, бланк тамо́женной деклара́ции?
谐音 达伊杰 姆涅 帕日阿鲁丝塔 博兰克 塔莫任纳伊 杰克拉拉茨诶伊
中文 请给一份海关申报表好吗？

俄文 Заполните все следующие пункты со знаком «звёздочка».

谐音 杂泼尔尼杰 夫谢 丝列杜尤西耶 普恩克得(dei) 萨 兹纳卡姆 兹维奥兹达奇卡

中文 请填写下面所有带星号的项目。

俄文 Куда вы летите?

谐音 库达 维 列季杰

中文 你旅行的目的地是哪儿？

俄文 Предъявите ваш паспорт.

谐音 普列德伊维杰 瓦诗 帕丝帕了特

中文 请出示您的护照。

俄文 Пожалуйста, это вам.

谐音 帕日阿鲁丝塔 埃塔 瓦姆

中文 好的，给您。

俄文 Какова цель вашей поездки?

谐音 卡卡瓦 采利 瓦谁(shei)伊 帕耶丝特克伊

中文 您此行的目的是什么？

俄文 Посещение родных и туризм.

谐音 帕谢谢尼耶 拉德内赫 伊 图利兹姆

中文 探亲和旅游。

俄文 Работа. Мы с женой будем находиться в России 6 месяцев.

谐音 拉博塔 梅 兹 日诶诺伊 布杰姆 纳哈季擦 夫拉西伊 谁(shei)丝季 灭西茨诶夫

中文 工作。我的妻子和我会在俄罗斯待6个月。

俄文 Сколько наличности у вас с собой?

谐音 丝阔利卡 纳利奇纳丝季 乌 瓦丝 萨博伊

中文 你随身携带多少现金?

俄文 1000юаней Женьминьби.

谐音 得 (dei)西恰 元涅伊 人民币

中文 1,000元人民币。

俄文 Сколько времени вы намерены пробыть в России?

谐音 丝阔利卡 夫列灭尼 维 纳灭列内 普拉贝奇 夫拉西伊

中文 您要在俄罗斯待多久?

俄文 Месяцев шесть.

谐音 灭西茨诶夫 晒丝奇

中文 大约6个月。

俄文 До ~ нынешнего года вернёмся.

谐音 达 ~ 内涅诗涅瓦 果达 维耶了尼奥姆夏

中文 今年~月份以前回来。

旅行必备篇

机上服务

俄文 Что вы будете пить?
谐音 诗托 维 布杰杰 皮奇
中文 您想喝点儿什么?

俄文 Апельсиновый сок, пожалуйста!
谐音 阿撒利西纳维伊 索克 帕日阿鲁丝塔
中文 我需要一杯橙汁!

俄文 Стакан чаю, пожалуйста.
谐音 丝塔坎 恰尤 帕日阿鲁丝塔
中文 我要一杯茶!

俄文 Можно мне одеяло?
谐音 莫日纳 姆涅 阿杰亚拉
中文 请给我一条毯子,好吗?

俄文 Хорошо.
谐音 哈拉绍
中文 好的。

俄文 Вам ещё что-нибудь нужно?
谐音 瓦姆 耶晓 诗托尼布奇 努日纳
中文 还需要其他的服务吗?

俄文 Я плохо себя чувствую.
谐音 亚 普罗哈 谢比阿 丘丝特乌尤
中文 我不舒服。

俄文 На борту есть врач?
谐音 纳 巴了图 耶丝奇 夫拉奇
中文 飞机上有随机医生吗?

俄文 Есть. Сейчас я его вызову.
谐音 耶丝奇 谢伊恰丝 亚 耶沃 维杂乌
中文 有的，我马上给您叫医生。

机上用餐

俄文 Вам обед с курицей или говядиной?
谐音 瓦姆 阿别特 丝 库利茨诶伊 伊利 嘎夫亚季纳伊
中文 您需要鸡肉套餐还是牛肉套餐?

俄文 С курицей.
谐音 丝 库利茨诶伊
中文 鸡肉套餐。

俄文 Есть ли у вас вегетарианское питание?
谐音 耶丝奇 利 乌 瓦丝 维耶 格耶塔利安丝卡耶 皮塔尼耶
中文 您这里有素食吗?

俄文 Могу́ я взя́ть две по́рции?
谐音 马古 亚 夫兹阿奇 德维耶 泼了 茨诶伊
中文 我可以要双份套餐吗?

俄文 Извини́те, у нас для ка́ждого челове́ка одна́ по́рция.
谐音 伊兹维伊尼杰 乌 纳丝 德俩(lia) 卡日达瓦 切拉维耶卡 阿德纳 泼了茨诶亚
中文 不好意思,我们每个人配额一份套餐。

俄文 Вы зако́нчили обе́д?
谐音 维 杂阔恩奇利 阿别特
中文 您用餐结束了吗?

俄文 Да, мо́жно убра́ть таре́лку.
谐音 达 莫日纳 乌博拉奇 塔列尔库
中文 是的。可以把盘子收走了。

俄文 Ещё нет, мо́жно мне стака́н воды́?
谐音 耶晓 涅特 莫日纳 姆涅 丝塔坎 瓦得(dei)
中文 还没有,能给我一杯白水吗?

俄文 Мо́жно мне диабети́ческое пита́ние?
谐音 莫日纳 姆涅 季阿别季切丝卡耶 皮塔尼耶
中文 能否给我一份糖尿病患者食物?

俄文 Могу́ ли я сам заказа́ть обе́д?

谐音 马古 利 亚 萨姆 杂卡杂奇 阿别特

中文 我可以自己点餐吗?

俄文 Мо́жете, пассажи́ры пе́рвого кла́сса мо́гут заказа́ть себе́ обе́д.

谐音 莫日诶杰 帕萨日诶雷 撇了瓦瓦 克拉萨 莫古特 杂卡杂奇 谢别 阿别特

中文 可以,一等舱的客人都可以自己点餐。

下飞机后

俄文 Скажи́те, пожа́луйста, где мо́жно обменя́ть де́ньги?

谐音 丝卡日诶杰 帕日阿鲁丝塔 格杰 莫日纳 阿博灭尼阿奇 坚格伊

中文 请问在哪儿可以兑换纸币?

俄文 Мне ну́жно разменя́ть ме́лочь.

谐音 姆涅 努日纳 拉兹灭尼亚奇 灭拉奇

中文 我需要换一些零钱。

俄文 Мне мо́жно обменя́ть Женьминьби́ на рубль?

谐音 姆涅 莫日纳 阿博灭尼阿奇 人民币 纳 鲁博利

中文 我能把人民币换成卢布吗?

俄文 Вы говори́те по-ру́сски?

谐音 维 嘎瓦利杰 帕鲁斯克伊

中文 您可以说俄语吗?

俄文 Скажи́те, пожа́луйста, где я могу́ позвони́ть?

谐音 丝卡日诶杰 帕日阿鲁丝塔 格杰 亚 马古 帕兹瓦尼奇

中文 请问哪里有公用电话?

俄文 Скажи́те, пожа́луйста, где обще́ственный туале́т?

谐音 丝卡日诶杰 帕日阿鲁丝塔 格杰 阿博谢丝特文内伊 图阿列特

中文 请问哪里有公共厕所?

相关词汇

俄文	аэропо́рт	авиабиле́т	взлёт
谐音	阿埃拉泼了特	阿维伊阿比列特	夫兹廖特
中文	机场	飞机票	起飞

俄文	поса́дка	ука́чивание на самолёте	стюарде́сса
谐音	帕萨特卡	乌卡奇瓦尼耶纳 萨马廖杰	丝久阿了带萨
中文	着陆,降落	晕机	空姐

俄文	сало́н	парашю́т	поса́дочный тало́н
谐音	萨罗恩	帕拉诗尤特	帕萨达奇内伊 塔罗恩
中文	机舱	降落伞	登机牌

俄文	би́рка	пе́рвый класс	заде́ржка ре́йса
谐音	比了卡	撇了维伊 克拉丝	杂杰了诗卡 列伊萨
中文	行李牌	头等	航班延误

俄文	посадка на самолёт	прямой рейс	ремень безопасности
谐音	帕萨特卡 纳萨马廖特	普俩(lia)莫伊 列伊丝	列灭尼 别杂帕丝纳丝季
中文	登机	直达航班	安全带

俄文	экипаж	зал ожидания	багаж
谐音	埃克伊帕诗	杂尔 阿日诶达尼亚	巴嘎诗
中文	机组	候机大厅	行李

（2）出租车

俄文 Прошу́ вас, вы́зовите мне такси́.

谐音 普拉舒 瓦丝 维杂维伊杰 姆涅 塔克西

中文 请为我叫辆出租车。

俄文 Хорошо́, подожди́те мину́точку.

谐音 哈拉绍 帕达日季杰 米努塔奇库

中文 好的，请稍等。

俄文 Пришли́те, пожа́луйста, такси́ в Областну́ю Больни́цу?

谐音 普利诗利杰 帕日阿鲁丝塔 塔克西 沃博拉丝努尤 巴利尼促

中文 请派辆出租车到州立医院好吗？

俄文 Я бу́ду ждать у воро́т.

谐音 亚 布杜 日达奇 乌 瓦罗特

中文 我会在大门处等候。

旅行必备篇

俄文 Такси прибу́дет через пять мину́т.

谐音 塔克西 普利布杰特 切列丝 皮阿奇 米努特

中文 出租车五分钟以后到。

俄文 Мне ну́жно вы́йти у па́рка Го́рького.

谐音 姆涅 努日纳 维伊季 乌 帕了卡 果利卡瓦

中文 请让我在高尔基公园下车。

俄文 Мы ско́ро прие́дем?

谐音 梅 丝阔拉 普利耶杰姆

中文 还需要多长时间我们才能到？

俄文 Здесь автомоби́льные про́бки.

谐音 兹杰西 阿夫塔马比利内耶 普罗普克伊

中文 这条路上交通阻塞。

俄文 Мо́жет быть, нам потре́буется 30 мину́т.

谐音 莫日诶特 贝奇 纳姆 帕特列布耶擦 特利擦奇 米努特

中文 或许我们需要30分钟吧！

俄文 10 мину́т доста́точно.

谐音 杰西季 米努特 达丝塔塔奇纳

中文 10分钟足够了。

俄文 Тру́дно сказа́ть.

谐音 特鲁德纳 丝卡杂奇

中文 不好说。

俄文 Это зависит от обстоятельств.
谐音 埃塔 杂维西特 阿特 阿普丝塔亚杰利丝特夫
中文 这要看交通状况了。

俄文 Сколько времени занимает дорога до аэропорта?
谐音 丝阔利卡 夫列灭尼 杂尼马耶特 达罗嘎 达 阿埃拉泼了塔
中文 到首都机场要多长时间?

俄文 До семи доедем.
谐音 达 谢米 达耶杰姆
中文 七点之前可以到达。

俄文 Можно включить кондиционер?
谐音 莫日纳 夫克柳奇奇 坎季茨诶阿涅了
中文 可以把空调打开吗?

俄文 Хорошо, но вам нужно доплатить.
谐音 哈拉绍 诺 瓦姆 努日纳 达普拉季奇
中文 好的,可是您需要支付额外的费用。

俄文 Можно ли ехать медленнее?
谐音 莫日纳 利 耶哈奇 灭德列涅耶
中文 能否慢点儿开?

俄文 Меня укачивает.
谐音 灭尼亚 乌卡奇瓦耶特
中文 我有点儿晕车。

俄文 Сколько с меня?
谐音 丝阔利卡 丝 灭尼阿
中文 车费多少钱?

俄文 Включая чаевые?
谐音 夫克柳恰亚 恰耶维耶
中文 包括小费了吗?

俄文 Дайте мне, пожалуйста, чек.
谐音 达伊杰 姆涅 帕日阿鲁丝塔 切克
中文 请给我打印发票。

俄文 Извините, бумага закончилась.
谐音 伊兹维伊尼杰 布马嘎 杂阔恩奇拉西
中文 很抱歉,没有打印纸了。

(3) 火车

俄文 Мне нужен билет в Пекин.
谐音 姆涅 努任 比列特 夫 撒克伊恩
中文 要一张去北京的火车票。

> **俄文** На какой день?
> **谐音** 纳 卡阔伊 坚
> **中文** 哪天的?

> **俄文** На какой поезд?
> **谐音** 纳 卡阔伊 泼耶丝特
> **中文** 哪班车?

> **俄文** Мне билет в Москву на сегодня, на экспресс, купе первого класса.
> **谐音** 姆涅 比列特 夫 马丝克乌 纳 谢沃德尼阿 纳 埃克丝普列丝 库派 撒了瓦瓦 克拉萨
> **中文** 我要一张今天开往莫斯科的特快一等卧铺票。

> **俄文** Предъявите ваш билет.
> **谐音** 普列德伊维杰 瓦诗 比列特
> **中文** 请出示您的车票。

> **俄文** Скажите, пожалуйста, на какой платформе стоит поезд?
> **谐音** 丝卡日诶杰 帕日阿鲁丝塔 纳 卡阔伊 普拉特佛了灭 丝塔伊特 泼耶丝特
> **中文** 请问火车在第几站台?

> **俄文** Скажите, пожалуйста, где моё место?
> **谐音** 丝卡日诶杰 帕日阿鲁丝塔 格杰 马要 灭丝塔
> **中文** 请问我的座位在哪里?

俄文 Вы не поможете мне положить чемодан на полку?

谐音 维 涅 帕莫日诶杰 姆涅 帕拉日诶奇 切马丹 纳 泼尔库

中文 您能帮忙把我的行李放到行李架上吗?

俄文 Вы ошиблись местом.

谐音 维 阿谁(shei)博利西 灭丝塔姆

中文 您坐错位置了。

俄文 Позвольте, я ещё раз взгляну на свой билет?

谐音 帕兹沃利杰 亚 耶晓 拉丝 夫兹格俩(lia)努 纳 丝沃伊 比列特

中文 让我核对一下我的车票好吗?

俄文 Извините, я ошибся/ошиблась.

谐音 伊兹维伊尼杰 亚 阿谁(shei)博夏/阿谁(shei)博拉西

中文 对不起,是我大意了。

俄文 Скажите, пожалуйста, можно ли мне поменять на купе?

谐音 丝卡日诶杰 帕日阿鲁丝塔 莫日纳 利 姆涅 帕灭尼亚奇 纳 库派

中文 请问我可以换成卧铺票吗?

俄文 Вы можете в 8-ом вагоне поменять билет.

谐音 维 莫日诶杰 瓦西莫姆 瓦果涅 帕灭尼阿奇 比列特

中文 您可以在8号车厢办理换票手续。

俄文 Где я могу купить билет в пути?

谐音 格杰 亚 马古 库皮奇 比列特 夫 普季

中文 我该在哪里补票?

俄文 Вы можете купить билет в пути в 10-ом вагоне.

谐音 维 莫日诶杰 库皮奇 比列特 夫 普季 夫 杰夏塔姆 瓦果涅

中文 您可以在10号车厢办理补票手续。

俄文 Когда работает вагон-ресторан?

谐音 卡格达 拉博塔耶特 瓦果恩 列丝塔兰

中文 餐车什么时间开饭?

相关词汇

俄文	поезд	вокзал	платформа
谐音	波耶丝特	瓦格杂尔	普拉特佛了马
中文	火车	火车站	月台

俄文	проводник	скорый поезд	курьерский поезд
谐音	普拉瓦德尼克	丝阔雷伊 波耶丝特	库利耶了丝克伊 波耶丝特
中文	列车员	快车	特快列车

旅行必备篇

俄文	прямой поезд	вагон	плацкартный вагон
谐音	普俩(lia)莫伊 泼耶丝特	瓦果恩	普拉茨卡了特 内伊 瓦果恩
中文	直达车	车厢	卧铺车厢

俄文	купе	вагон-ресторан	взять билет
谐音	库派	瓦果恩 列丝塔兰	夫兹阿奇 比列特
中文	包厢	餐车	买票

俄文	верхнее место	среднее место	нижнее место
谐音	维耶了赫涅耶 灭丝塔	丝列德涅耶 灭丝塔	尼日涅耶 灭丝塔
中文	上铺	中铺	下铺

俄文	касса	разовый билет	билет в два конца
谐音	卡萨	拉杂维伊 比列特	别列特 夫 德 瓦 坎擦
中文	售票处	单程票	往返票

俄文	детский билет	полка	расписание
谐音	杰茨克伊 比列特	泼尔卡	拉丝皮萨尼耶
中文	儿童票	行李架	列车时刻表

(4) 地铁

俄文 Этот поезд идёт по направлению к Тверской улице?

谐音 埃塔特 泼耶丝特 伊焦特 帕 纳普拉夫列尼尤克 特维耶了丝阔伊 乌利茨诶

中文 这是去特维尔街方向的地铁吗?

俄文 Вы не скажете, где здесь станция метро?

谐音 维 涅 丝卡日诶杰 格杰 兹杰西 丝坦茨诶亚 灭特罗

中文 您知道这儿的地铁站在哪儿吗?

俄文 Вот подземный переход, а над ним большая буква "М".

谐音 沃特 帕德兹耶姆内伊 撒列霍特 阿 纳德 尼姆 巴利沙亚 布克瓦 埃姆

中文 那有个地下通道,通道上面有个大写字母"M"。

俄文 Это станция метро.

谐音 埃塔 丝坦茨诶亚 灭特罗

中文 这就是地铁站。

俄文 Вы мне не покажете, как работает автомат по продаже билетов?

谐音 维 姆涅 涅 帕卡日诶杰 卡克 拉博塔耶特 阿夫塔马特 帕 普拉达日埃 比列塔夫

中文 您能为我示范一下怎么用售票机吗?

俄文 Скажите, пожалуйста, когда следующий поезд прибывает?

谐音 丝卡日诶杰 帕日阿鲁丝塔 卡格达 丝列杜尤西伊 泼耶丝特 普利贝瓦耶特

中文 请问下一班地铁什么时候进站?

(5)租车

俄文 Сколько стоит прокат этой машины?

谐音 丝阔利卡 丝托伊特 普拉卡特 埃塔伊 马谁(shei)内

中文 租这辆车要多少钱?

俄文 На сколько времени вам взять машину?

谐音 纳 丝阔利卡 夫列灭尼 瓦姆 夫兹阿奇 马谁(shei)努

中文 您要租用多长时间?

俄文 Какую машину вам нужно?

谐音 卡库尤 马谁(shei)努 瓦姆 努日纳

中文 您需要什么样的车呢?

2 遇到不便

（1）语言不通

俄文 Я не говорю́ по-ру́сски.
谐音 亚 涅 嘎瓦柳 帕鲁丝克伊
中文 我不会讲俄语。

俄文 Что ты говори́шь?
谐音 诗托 得(dei) 嘎瓦利诗
中文 你说什么？

俄文 Пожа́луйста, говори́те просты́ми фра́зами?
谐音 帕日阿鲁丝塔 嘎瓦利杰 普拉丝得(dei)米 夫拉杂米
中文 请您用简单点儿的措辞好吗？

俄文 Я хочу́ кита́йскоговоря́щего ги́да.
谐音 亚 哈丘 克伊塔伊丝卡嘎瓦俩(lia)谢瓦 格伊达
中文 我们想请一位会说汉语的导游。

俄文 Я не зна́ю, как э́то сказа́ть на ру́сском языке́.
谐音 亚 涅 兹纳尤 卡克 埃塔 丝卡杂奇 纳 鲁丝卡姆 伊兹诶 克耶
中文 我不知道这用俄语怎么说。

俄文 Я не понимаю, что вы говорите.

谐音 亚 涅 帕尼马尤 诗托 维 嘎瓦利杰

中文 我没听懂您在说什么。

（2）迷路

俄文 Где мы сейчас находимся?

谐音 格杰 梅 谢伊恰丝 纳霍季姆夏

中文 我们现在是在什么地方呢？

俄文 Покажите, пожалуйста, на карте, где мы сейчас находимся?

谐音 帕卡日诶杰 帕日阿鲁丝塔 纳 卡了杰 格杰 梅 谢伊恰丝 纳霍季姆夏

中文 请指出我们现在在地图上的位置好吗？

俄文 Вы не подскажете, как добраться до вокзала?

谐音 维 涅 帕茨卡日诶杰 卡克 达博拉擦 达 瓦格杂拉

中文 您能告诉我怎样去火车站吗？

俄文 Как я могу туда добраться?

谐音 卡克 亚 马古 图达 达博拉擦

中文 我怎样才能到那儿？

俄文 Скажи́те, пожа́луйста, есть ли авто́бусная остано́вка поблизости?

谐音 丝卡日诶杰 帕日阿鲁丝塔 耶丝奇 利 阿夫托布丝纳亚 阿丝塔诺夫卡 帕博利杂丝季

中文 请问这附近有公交车站吗？

俄文 Пешко́м бу́дет далеко́?

谐音 撒诗阔姆 布杰特 达列阔

中文 能走着去吗？远不远？

俄文 Ско́лько вре́мени ну́жно идти́?

谐音 丝阔利卡 夫列灭尼 努日纳 伊季

中文 步行要多长时间？

（3）生急病

俄文 Меня́ зноби́т.

谐音 灭尼亚 兹诺比特

中文 我觉得冷。

俄文 Я весь дрожу́.

谐音 亚 维耶西 德拉茹

中文 我全身发抖。

俄文 Мне ну́жно к врачу́.

谐音 姆涅 努日纳 克 夫拉丘

中文 我要见医生。

> 俄文 Чем быстре́е, тем лу́чше.
> 谐音 切姆 贝丝特列耶 杰姆 鲁奇谁(shei)
> 中文 越快越好。

> 俄文 Помоги́те!
> 谐音 帕马格伊杰
> 中文 救命啊!

> 俄文 Она́ упа́ла в о́бморок.
> 谐音 阿纳 乌帕拉 沃博马拉克
> 中文 她晕过去了。

> 俄文 Ему́ нужна́ неотло́жная медици́нская по́мощь!
> 谐音 耶姆 努日纳 涅阿特罗日纳亚 灭季茨诶恩丝卡亚 泼马西
> 中文 他需要急救!

> 俄文 Сро́чно вы́зовите врача́!
> 谐音 丝罗奇纳 维杂维伊杰 夫拉恰
> 中文 快叫大夫!

(4) 丢失物品

> 俄文 Мой па́спорт потеря́лся.
> 谐音 莫伊 帕丝帕了特 帕杰利阿尔夏
> 中文 我的护照丢了。

俄文 Я не могу́ найти́ свою́ креди́тную ка́рту.
谐音 亚 涅 马古 纳伊季 丝瓦尤 克列季特努尤 卡了图
中文 我找不到我的信用卡了。

俄文 Что мне на́до де́лать?
谐音 诗托 姆涅 纳达 杰拉奇
中文 我该怎么办?

俄文 Мой кошелёк пропа́л.
谐音 莫伊 卡谁(shei)廖克 普拉帕尔
中文 我的钱包没了。

俄文 Весьма́ сро́чно.
谐音 维耶西马 丝罗奇纳
中文 十万火急!

俄文 Помоги́те кто-нибу́дь!
谐音 帕马格伊杰 克托尼布奇
中文 来人呀!

俄文 Помоги́те мне!
谐音 帕马格伊杰 姆涅
中文 帮帮我!

俄文 Вор!
谐音 沃了
中文 小偷！（遇到小偷或扒手时，用这样的喊声来引起周围人的注意）

俄文 Ограбили!
谐音 阿格拉比利
中文 抢劫！

俄文 Вызовите милицию!
谐音 维杂维伊杰 米利茨诶尤
中文 叫警察！

俄文 Хорошо!
谐音 哈拉绍
中文 好的！

俄文 Позовите кого-нибудь на помощь!
谐音 帕杂维杰 卡沃尼布奇 纳 泼马西
中文 快叫人帮助！

3 宾馆住宿

俄文 Добро́ пожа́ловать.
谐音 达博罗 帕日阿拉瓦奇
中文 欢迎光临。

俄文 Чем могу́ вам помо́чь?
谐音 切姆 马古 瓦姆 帕莫奇
中文 能为您效劳吗?

俄文 Мне ну́жно офо́рмить прожива́ние в гости́нице.
谐音 姆涅 努日纳 阿佛了米奇 普拉日诶瓦尼耶 夫 嘎丝季尼茨诶
中文 我要登记入住。

俄文 Вы не ска́жете ва́ше и́мя и фами́лию?
谐音 维 涅 丝卡日诶杰 瓦谁(shei) 伊米阿 伊 发米利尤
中文 能告诉我你的尊姓大名吗?

俄文 Запо́лните, пожа́луйста, э́тот бланк?
谐音 杂泼尔尼杰 帕日阿鲁丝塔 埃塔特 博兰克
中文 请填写这张登记表好吗?

俄文 Предъяви́те ваш па́спорт.
谐音 普列德伊维杰 瓦诗 帕丝帕了特
中文 请出示您的护照。

旅行必备篇

俄文 Можно ли посмотреть ваше удостоверение личности?

谐音 莫日纳 利 帕丝马特列奇 瓦谁(shei) 乌达丝塔维耶列尼耶 利奇纳丝季

中文 我能看看您的身份证件吗?

俄文 Скажите, когда нужно сдать номер?

谐音 丝卡日诶杰 卡格达 努日纳 兹达奇 诺灭了

中文 请告诉我退房时间,好吗?

俄文 Мне нужен одноместный номер.

谐音 姆涅 努任 阿德纳灭丝内伊 诺灭了

中文 我想要一个单人房间。

俄文 У нас много свободных одноместных номеров.

谐音 乌 纳丝 姆诺嘎 丝瓦博德内赫 阿德纳灭丝内赫 纳灭罗夫

中文 我们有很多单人房空着。

俄文 Мне нужен номер потише.

谐音 姆涅 努任 诺灭了 帕季谁(shei)

中文 我想要一个安静的房间。

俄文 Сколько стоит номер на ночь?

谐音 丝阔利卡 丝托伊特 诺灭了 纳 诺奇

中文 每晚的房费是多少?

俄文 Есть ли у вас номера подешевле?

谐音 耶丝奇 利 乌 瓦丝 纳灭拉 帕杰晒夫列

中文 您有稍微便宜点儿的房间吗?

俄文 Какие удобства в номере?

谐音 卡克伊耶 乌多普丝特瓦 夫 诺灭列

中文 房间里有什么设施?

俄文 Носильщик проводит вас в номер.

谐音 纳西利西克 普拉沃季特 瓦丝 夫 诺灭了

中文 行李员会带你们到房间的。

俄文 Проверю вашу бронь.

谐音 普拉维耶柳 瓦舒 博罗尼

中文 我检查一下您的预订记录。

俄文 Как вы будете платить?

谐音 卡克 维 布杰杰 帕拉季奇

中文 您将如何付款呢?

俄文 Вы принимаете российские кредитные карты?

谐音 维 普利尼马耶杰 拉西伊丝克伊耶 克列季特内耶 卡了得(dei)

中文 我可以用俄罗斯信用卡吗?

俄文 Оста́вьте но́мер ва́шего телефо́на.

谐音 阿丝塔维杰 诺灭了 瓦谁(shei)瓦 杰列佛纳

中文 请留下您的电话号码。

俄文 Вы мо́жете разбуди́ть меня́ у́тром?

谐音 维 莫日诶杰 拉兹布季奇 灭尼亚 乌特拉姆

中文 不知道你们酒店是否有叫早服务。

俄文 Разбуди́те, пожа́луйста, меня́ в 7 часо́в.

谐音 拉兹布季杰 帕日阿鲁丝塔 灭尼亚 夫 谢米 恰索夫

中文 请在7点叫我起床。

俄文 Когда́ подаю́т за́втрак?

谐音 卡格达 帕达尤特 杂夫特拉克

中文 你们什么时候供应早餐?

俄文 Мо́жно звони́ть из но́мера?

谐音 莫日纳 兹瓦尼奇 伊兹 诺灭拉

中文 电话能打外线吗?

俄文 Куда́ сдава́ть бельё в сти́рку?

谐音 库达 兹达瓦奇 别利要 夫 丝季了库

中文 衣服送到哪里洗呢?

俄文 Наша приёмная предоставляет круглосуточное обслуживание.

谐音 纳沙 普利要姆纳亚 普列达丝塔夫利阿耶特 克鲁格拉苏塔奇纳耶 阿普丝鲁日谄瓦尼耶

中文 我们前台提供24小时服务。

俄文 Я хочу оплатить счёт.

谐音 亚 哈丘 阿普拉季奇 晓特

中文 我准备结账。

俄文 Можно мне счёт?

谐音 莫日纳 姆涅 晓特

中文 能给我明细表吗?

三、市民必会篇

1 寒暄问候

（1）日常问候

俄文 Здра́вствуй!/Здра́вствуйте!
谐音 兹德拉丝特乌伊/兹德拉丝特乌伊杰
中文 你好！/您好！（你们好！）

俄文 Приве́т!
谐音 普利维耶特
中文 你好！（青年人间或熟人间的问候）

俄文 До́брое у́тро!
谐音 多博拉耶 乌特拉
中文 早上好！

俄文 До́брый день!
谐音 多博雷伊 坚
中文 日安！

俄文 До́брый ве́чер!
谐音 多博雷伊 维耶切了
中文 晚上好！

俄文 Споко́йной но́чи!
谐音 丝帕阔伊纳伊 诺奇
中文 晚安！

市民必会篇

（2）初次见面

俄文 Очень рад/рада с вами познакомиться.

谐音 奥琴 拉特（男性使用）/拉达（女性使用）丝 瓦米 帕兹纳阔米擦

中文 很高兴认识您。

俄文 Я родился/родилась в России.

谐音 亚 拉季尔夏（男性使用）/拉季拉西（女性使用）夫 拉西伊

中文 我出生在俄罗斯。

俄文 Мой родной город – Волгоград.

谐音 莫伊 拉德诺伊 果拉特 瓦尔嘎格拉特

中文 我的故乡是伏尔加格勒。

俄文 Я приехал/приехала в командировку.

谐音 亚 普利耶哈尔（男性使用）/普利耶哈拉（女性使用）夫 卡曼季罗夫库

中文 我是来出差的。

俄文 Сколько времени вы пробыли в России?

谐音 丝阔利卡 夫列灭尼 维 普拉贝利 夫 拉西伊

中文 您来俄罗斯多长时间了？

俄文 Я приехал/приехала на прошлой неделе.

谐音 亚 普利耶哈尔（男性使用）/普利耶哈拉（女性使用）纳 普罗诗拉伊 涅杰列

中文 上星期刚来。

俄文 Сколько времени вы намерены пробыть здесь?

谐音 丝阔利卡 夫列灭尼 维 纳灭列内 普拉贝奇 兹杰西

中文 您在这儿待多长时间？

俄文 До следующего месяца.

谐音 达 丝列杜尤谢瓦 灭西擦

中文 待到下个月。

俄文 Ты говоришь по-русски?

谐音 得(dei) 嘎瓦利诗 帕鲁丝克伊

中文 你说俄语吗？

俄文 Очень жаль, я не говорю по-русски.

谐音 奥琴 日阿利 亚 涅 嘎瓦柳 帕鲁丝克伊

中文 很遗憾，我不会。

俄文 Немного.

谐音 涅姆诺嘎

中文 一点儿。

俄文 Я немного говорю на бытовые темы.

谐音 亚 涅姆诺嘎 嘎瓦柳 纳 贝塔维耶 杰梅

中文 我会一点儿日常会话。

（3）久别重逢

俄文 Давно́ тебя́ не ви́дел/ви́дела.
谐音 达夫诺 杰比阿 涅 维杰尔（男性使用）/维杰拉（女性使用）
中文 好久不见。

俄文 Я тебя́ да́же не узна́л/узна́ла?
谐音 亚 杰比阿 达日埃 涅 乌兹纳尔（男性使用）/乌兹纳拉（女性使用）
中文 我都不认出你了！

俄文 Да, как пожива́ешь?
谐音 达 卡克 帕日诶瓦耶诗
中文 是呀，你还好吗？

俄文 Спаси́бо, хорошо́.
谐音 丝帕西巴 哈拉绍
中文 谢谢，挺好的。

俄文 Как дела́?
谐音 卡克 杰拉
中文 最近怎么样？

俄文 Чем ты сейча́с занима́ешься?
谐音 切姆 得(dei) 谢伊恰丝 杂尼马耶诗夏
中文 最近忙什么呢？

俄文 Работаю.

谐音 拉博塔尤

中文 上班呗。

俄文 Ничем не занимаюсь.

谐音 尼切姆 涅 杂尼马尤西

中文 没忙什么。

俄文 Ты совсем не изменился/изменилась.

谐音 得(dei) 萨夫谢姆 涅 伊兹灭尼尔夏（谈论男性）/伊兹灭尼拉西（谈论女性）

中文 你一点儿都没变。

俄文 Ты повзрослел/повзрослела.

谐音 得(dei) 帕夫兹拉丝列尔（谈论男性）/帕夫兹拉丝列拉（谈论女性）

中文 你长大了。

俄文 Ты становишься всё красивее и красивее.

谐音 得(dei) 丝塔诺维伊诗夏 夫晓 克拉西维耶耶 伊 克拉西维耶耶

中文 你越来越漂亮了。

俄文 Ты выглядишь прекрасно.

谐音 得(dei) 维格利阿季诗 普列克拉丝纳

中文 你看上去不错。

俄文 В после́днее вре́мя ты пополне́л/пополне́ла?

谐音 夫 帕丝列德涅耶 夫列米阿 得(dei) 帕帕尔涅尔（询问男性）/帕帕尔涅拉（询问女性）

中文 最近你是不是胖了？

俄文 В после́днее вре́мя ты похуде́л/похуде́ла?

谐音 夫 帕丝列德涅耶 夫列米阿 得(dei) 帕胡杰尔（询问男性）/帕胡杰拉（询问女性）

中文 最近你是不是瘦了？

俄文 Наве́рное, да.

谐音 纳维耶了纳耶 达

中文 好像是吧。

（4）碰到友人

俄文 Здра́вствуй

谐音 兹德拉丝特乌伊

中文 你好！

俄文 Приве́т!

谐音 普利维耶特

中文 你好！（青年人间或熟人间的问候）

俄文 Как дела́?

谐音 卡克 杰拉

中文 你好吗？

俄文 Очень хорошо́.
谐音 奥琴 哈拉绍
中文 非常好。

俄文 Нева́жно.
谐音 涅瓦日纳
中文 不怎么好。

俄文 Как здоро́вье?
谐音 卡克 兹达罗维耶
中文 你的身体怎么样?

俄文 Непло́хо.
谐音 涅普罗哈
中文 不错。

俄文 По-ста́рому.
谐音 帕丝塔拉姆
中文 老样子。

俄文 Как ва́ша семья́?
谐音 卡克 瓦沙 谢米亚
中文 你的家人怎么样?

俄文 Все о́чень хорошо́.
谐音 夫谢 奥琴 哈拉绍
中文 大家都很好。

俄文 Как работа?
谐音 卡克 拉博塔
中文 工作怎么样?

俄文 Всё в порядке.
谐音 夫晓 夫 帕俩(lia)特克耶
中文 一切正常。

俄文 Как прошёл день?
谐音 卡克 普拉绍尔 坚
中文 今天怎么样?

俄文 Так себе.
谐音 塔克 谢别
中文 马马虎虎吧。

俄文 Как всегда.
谐音 卡克 夫谢格达
中文 和往常一样。

2 介绍

（1）介绍自己 / 他人

俄文 Давайте познакомимся.
谐音 达瓦伊杰 帕兹纳阔米姆夏
中文 让我们认识一下吧。

俄文 Меня зовут Сергей Петрович Иванов.
谐音 灭尼阿 杂乌特 谢了格耶伊 撒特罗维伊奇 伊瓦诺夫
中文 我叫谢尔盖·彼得罗维奇·伊万诺夫。

俄文 Разрешите представиться.
谐音 拉兹列谁(shei)杰 普列茨塔维伊擦
中文 请允许我自我介绍一下。

俄文 Меня зовут Алексей Васильевич.
谐音 灭尼阿 杂乌特 阿列克谢伊 瓦西利耶维伊奇
中文 我叫阿列克赛·瓦西里耶维奇。

俄文 Зовите меня Алёша.
谐音 杂维杰 灭尼阿 阿廖沙
中文 请叫我阿廖沙吧。

俄文 Можно с вами познакомиться?
谐音 莫日纳 丝 瓦米 帕兹纳阔米擦
中文 可以和您认识一下吗？

俄文 Как вас зовут?

谐音 卡克 瓦丝 杂乌特

中文 您怎么称呼?

俄文 Познакомьтесь, пожалуйста.

谐音 帕兹纳阔米杰西 帕日阿鲁丝塔

中文 请（你们）认识一下吧。

俄文 Это Госпожа Смирнова.

谐音 埃塔 嘎丝帕日阿 丝米了诺瓦

中文 这是斯米尔诺娃女士。

俄文 Это мой босс господин Семёнов.

谐音 埃塔 莫伊 博丝 嘎丝帕金 谢苗纳夫

中文 这位是我的上司谢苗诺夫先生。

俄文 Я вас познокомлю с моим другом/моей подругой.

谐音 亚 瓦丝 帕兹纳阔姆柳 丝 马伊姆 德鲁嘎姆（我的男性朋友）/马耶伊 帕德鲁嘎伊（我的女性朋友）

中文 我给你介绍一下我的朋友。

（2）对介绍的回应

俄文 Очень рад/рада с вами познокомиться.

谐音 奥琴 拉特（男性使用）/拉达（女性使用） 丝 瓦米 帕兹纳阔米擦

中文 很高兴认识您。

俄文 Мне тоже очень приятно с вами познакомиться.
谐音 姆涅 托日埃 奥琴 普利亚特纳 丝 瓦米 帕兹纳阔米擦
中文 认识您我也很高兴。

俄文 Здравствуй/Здравствуйте.
谐音 兹德拉丝特乌伊/兹德拉丝特乌伊杰
中文 你好！/您好！

俄文 Как ваша фамилия?
谐音 卡克 瓦沙 发米利亚
中文 您贵姓？

俄文 Очень приятно.
谐音 奥琴 普利亚特纳
中文 我也很高兴。

俄文 Я счастлив/счастлива с вами познакомиться.
谐音 亚 夏丝利夫（男性使用）/夏丝利瓦（女性使用）丝 瓦米 帕兹纳阔米擦
中文 能认识您我觉得非常荣幸。

俄文 Не встречались мы где-то?
谐音 涅 夫丝特列恰利西 梅 格杰塔
中文 我们是不是在哪儿见过面？

俄文 Нет, я думаю, не встречались.

谐音 涅特 亚 杜马尤 涅 夫丝特列恰利西

中文 不,我想没见过。

俄文 Ты не знаком/знакома со мной?

谐音 得(dei) 涅 兹纳阔姆(男性使用)/兹纳阔马(女性使用) 萨 姆诺伊

中文 你不认识我吗?

俄文 Мне ваше лицо знакомо.

谐音 姆涅 瓦谁(shei) 利措 兹纳阔马

中文 你看上去很面熟。

俄文 Припоминаешь?

谐音 普利帕米纳耶诗

中文 想起来了吗?

俄文 Ты не помнишь?

谐音 得(dei) 涅 泼姆尼诗

中文 你不记得了?

俄文 А! Да, вы господин Соколов.

谐音 阿 达 维 嘎丝帕金 萨卡罗夫

中文 啊!对了,您是索科洛夫先生。

俄文 А, да, я тебя знаю.

谐音 阿 达 亚 杰比阿 兹纳尤

中文 哦,是的,我认识你。

俄文 Я забыл/забыла, как тебя зовут.

谐音 亚 杂贝尔（男性使用）/杂贝拉（女性使用） 卡克 杰比阿 杂乌特

中文 我忘了你叫什么名字。

俄文 Мы не встречались.

谐音 涅 夫丝特列恰利西

中文 我们没见过。

俄文 Это мы пе́рвый раз встре́тились.

谐音 埃塔 梅 撇了维伊 拉丝 夫丝特列季利西

中文 这是我们第一次见面。

俄文 Я давно́ хоте́л/хоте́ла с ва́ми познако́миться.

谐音 亚 达夫诺 哈杰尔（男性使用）/哈杰拉（女性使用） 丝 瓦米 帕兹纳阔米擦

中文 我早就想和您认识了。

俄文 Я о́чень мно́го слы́шал/слы́шала о вас.

谐音 亚 奥琴 姆诺嘎 丝雷沙尔（男性使用）/丝雷沙拉（女性使用） 阿 瓦丝

中文 久仰您的大名。

俄文 Прошу́ люби́ть и жа́ловать.

谐音 普拉舒 柳比奇 伊 日阿拉瓦奇

中文 请多关照。

市民必会篇

3 邀请

（1）发出邀请

俄文 Я хочу́ пригласи́ть тебя́ на обе́д в суббо́ту на сле́дующей неде́ле.

谐音 亚 哈丘 普利格拉西奇 杰比阿 纳 阿别特 夫 苏博图 纳 丝列杜谢伊 涅杰列

中文 我想邀请你下星期六吃饭。

俄文 Пойдём вме́сте с на́ми на обе́д/у́жин?

谐音 帕伊焦姆 夫灭丝杰 丝 纳米 纳 阿别特/乌日恩

中文 跟我们一起吃午餐/晚餐吧？

俄文 Хо́чешь соста́вить нам компа́нию?

谐音 霍切诗 萨丝塔维伊奇 纳姆 卡姆帕尼尤

中文 想跟我们在一起吗？

俄文 Мы бу́дем о́чень сча́стливы, е́сли вы придёте на на́ши про́воды в суббо́ту.

谐音 梅 布杰姆 奥琴 夏丝利维 耶丝利 维 普利焦杰 纳 纳谁(shei) 普罗瓦得(dei) 夫 苏博图

中文 如果您星期六能来参加我们的欢送会，我们将深感荣幸。

俄文 Дава́йте пойдём в кино́ сего́дня ве́чером?

谐音 达瓦伊杰 帕伊焦姆 夫 克伊诺 谢沃德尼阿 维耶切拉姆

中文 今晚我们一起去看电影吧。

俄文 Ты хо́чешь прийти́ к нам на про́воды в суббо́ту?

谐音 得(dei) 霍切诗 普利季 克 纳姆 纳 普罗瓦得(dei) 夫 苏博图

中文 你愿意本周六参加我们的欢送会吗?

俄文 Ты бу́дешь свобо́ден/свобо́дна сего́дня ве́чером?

谐音 得(dei) 布杰诗 丝瓦博坚（男性使用）/丝瓦博德纳（女性使用） 谢沃德尼阿 维耶切拉姆

中文 你今晚儿有空吗?

俄文 Е́сли ты придёшь, мы бу́дем о́чень ра́ды.

谐音 耶丝利 得(dei) 普利焦诗 梅 布杰姆 奥琴 拉得(dei)

中文 如果你能来，我们将会非常高兴。

俄文 Пойдёмте к нам в го́сти?

谐音 帕伊焦姆杰 克 纳姆 夫 果丝季

中文 请你来我家做客好吗?

俄文 Дава́йте найдём вре́мя и встре́тимся на сле́дующей неде́ле.

谐音 达瓦伊杰 纳伊焦姆 夫列米阿 伊 夫丝特列季姆夏 纳 丝列杜尤谢伊 涅杰列

中文 我们下周安排个时间见面吧。

市民必会篇

（2）对邀请的回应

俄文 Извини́те.
谐音 伊兹维伊尼杰
中文 不好意思。

俄文 За́втра у́тром я бу́ду за́нят/занята́.
谐音 杂夫特拉 乌特拉姆 亚 布杜 杂尼特（男性使用）/杂尼塔（女性使用）
中文 我明天上午有点急事儿。

俄文 Пое́хать к вам не могу́.
谐音 帕耶哈奇 克 瓦姆 涅 马古
中文 我不能参加你的邀请了。

俄文 Спаси́бо за приглаше́ние.
谐音 丝帕西巴 杂 普利格拉晒尼耶
中文 谢谢你的邀请。

俄文 Я приду́ во́время.
谐音 亚 普利杜 沃夫列米阿
中文 我一定准时赴约。

俄文 Как хорошо́!
谐音 卡克 哈拉绍
中文 太好啦！

俄文 Я приду!
谐音 亚 普利杜
中文 我一定去！

俄文 Могу́ ли я пойти́ вме́сте со свое́й подру́гой?
谐音 马古 利 亚 帕伊季 夫灭丝杰 萨 丝瓦耶伊 帕德鲁嘎伊
中文 我可以顺便把我的女朋友带去吗？

俄文 Договори́лись. До ве́чера!
谐音 达嘎瓦利利西 达 维耶切拉
中文 好的，那就晚上见！

市民必会篇

4 拜访

（1）拜访前

俄文 Есть кто-то?
谐音 耶丝奇 克托塔
中文 有人吗？

俄文 Кто там?
谐音 克托 塔姆
中文 谁呀？

俄文 Господин Иванов дома?
谐音 嘎丝帕金 伊瓦诺夫 多马
中文 请问伊万诺夫先生在家吗？

俄文 Приветствуем!
谐音 普利维耶兹特乌耶姆
中文 欢迎！

俄文 Проходите!
谐音 普拉哈季杰
中文 请进！

俄文 Извините, я не позвонил/позвонила перед приездом.
谐音 伊兹维伊尼杰 亚 涅 帕兹瓦尼尔/帕兹瓦尼拉 撒列特 普利耶兹达姆
中文 对不起，来之前我没打个电话来。

> 俄文 Добро́ пожа́ловаться!
> 谐音 达博罗 帕日阿拉瓦擦
> 中文 欢迎光临!

> 俄文 Как хорошо́, что ты пришёл/пришла́!
> 谐音 卡克 哈拉绍 诗托 得(dei) 普利绍尔(男性客人)/普利诗拉(女性客人)
> 中文 你能来,太好啦!

> 俄文 Спаси́бо, что ты пришёл/пришла́!
> 谐音 丝帕西巴 诗托 得(dei) 普利绍尔(男性客人)/普利诗拉(女性客人)
> 中文 谢谢前来!

(2)拜访中

> 俄文 Не стесня́йтесь.
> 谐音 涅 丝杰丝尼阿伊杰西
> 中文 别客气!

> 俄文 Чу́вствуйте себя́ как до́ма.
> 谐音 丘丝特乌伊杰 谢比阿 卡克 多马
> 中文 像在自己家一样。

> 俄文 Сади́тесь.
> 谐音 萨季杰西
> 中文 请坐吧。

俄文 Хорошо, спасибо.
谐音 哈拉绍 丝帕西巴
中文 啊，谢谢。

俄文 Развлекайтесь.
谐音 拉兹夫列卡伊杰西
中文 您尽兴。

俄文 Что вы будете пить?
谐音 诗托 维 布杰杰 皮奇
中文 您喝点什么？

俄文 Мне пиво.
谐音 姆涅 皮瓦
中文 我要啤酒。

俄文 Извините, я очень занят/занята.
谐音 伊兹维伊尼杰 亚 奥琴 杂尼特（男性使用）/杂尼塔（女性使用）
中文 对不起，我太忙了。

俄文 Не могу сейчас говорить.
谐音 涅 马古 谢伊恰丝 嘎瓦利奇
中文 我顾不上说话。

俄文 Можно воспользоваться туалетом?
谐音 莫日纳 瓦丝泼利杂瓦擦 图阿列塔姆
中文 我可以用洗手间吗？

俄文 Конечно, пожалуйста!

谐音 卡涅诗纳 帕日阿鲁丝塔

中文 当然可以，请吧！

俄文 Можно воспользоваться вашим телефоном?

谐音 莫日纳 瓦丝泼利杂瓦擦 瓦谁(shei)姆 杰列佛纳姆

中文 可以借用一下您的电话吗？

俄文 Я уже должен/должна попрощаться.

谐音 亚 乌日埃 多尔日恩（男性使用）/达尔日纳（女性使用） 帕普拉夏擦

中文 我得告辞了。

俄文 Большое спасибо за гостеприимство.

谐音 巴利绍耶 丝帕西巴 杂 嘎丝杰普利伊姆丝特瓦

中文 非常感谢您的盛情款待。（用于要离开主人家时表示感谢的心情）

俄文 Очень рад/рада, что сегодня вы пришли.

谐音 奥琴 拉特（男性使用）/拉达（女性使用） 诗托 谢沃德尼阿 维 普利诗利

中文 非常高兴，您今天能来。

俄文 Заходите, когда будет время.

谐音 杂哈季杰 卡格达 布杰特 夫列米阿

中文 有空儿再来串门吧。

俄文 Спаси́бо, хорошо́.

谐音 丝帕西巴 哈拉绍

中文 谢谢。好的。

俄文 Вы не возража́ете, е́сли я закурю́?

谐音 维 涅 瓦兹拉日阿耶杰 耶丝利 亚 杂库柳

中文 您介意我抽烟吗?

俄文 Не возража́ю, кури́те.

谐音 涅 瓦兹拉日阿尤 库利杰

中文 不介意,你抽吧。

俄文 Кака́я прекра́сная у вас кварти́ра!

谐音 卡卡亚 普列克拉丝纳亚 乌 瓦丝 克瓦了季拉

中文 您的房子真好。

5 分别

俄文 До свида́ния!
谐音 达 丝维伊达尼亚
中文 再见!(分手时最常用的寒暄用语)

俄文 До ско́рой встре́чи!
谐音 达 丝阔拉伊 夫丝特列奇
中文 再会!

俄文 Пока́!
谐音 帕卡
中文 回头见!

俄文 Мне пора́ уходи́ть.
谐音 姆涅 帕拉 乌哈季奇
中文 我得告辞了。

俄文 Посиди́те ещё!
谐音 帕西季杰 耶晓
中文 再待会儿吧!

俄文 Жела́ю уда́чи и сча́стья!
谐音 日诶拉尤 乌达奇 伊 夏丝奇亚
中文 祝你成功、幸福!

俄文 Спасибо, вашими устами да мёд пить.
谐音 丝帕西巴 瓦谁(shei)米 乌丝塔米 达 苗特 皮奇
中文 谢谢，借你吉言。

俄文 Приятного путешествия!
谐音 普利亚特纳瓦 普杰晒丝特维伊亚
中文 旅途愉快！（对要去旅行的人说的话）

俄文 Счастливо оставаться!
谐音 夏丝利瓦 阿丝塔瓦擦
中文 多保重！(离开的人答送行人祝福的用语)

俄文 Передайте Антону привет от меня.
谐音 撇列达伊杰 安托努 普利维耶特 阿特 灭尼阿
中文 请代我向安东问好。

俄文 Приезжайте ещё!
谐音 普利耶日阿伊杰 耶晓
中文 请再来！

俄文 Позвоните мне.
谐音 帕兹瓦尼杰 姆涅
中文 给我打电话。

俄文 Да, конечно.
谐音 达 卡涅诗纳
中文 嗯，我会的。

俄文 Не беспокойтесь обо мне!
谐音 涅 别丝帕阔伊杰西 阿巴 姆涅
中文 别担心我!

俄文 Я ещё приду.
谐音 亚 耶晓 普利杜
中文 我还会来的。

俄文 Приходите обязательно!
谐音 普利哈季杰 阿比杂杰利纳
中文 一定来啊!

俄文 Я буду скучать по тебе.
谐音 亚 布杜 丝库恰奇 帕 杰别
中文 我会想你的。

俄文 Передайте привет вашей семье от меня.
谐音 撒列达伊杰 普利维耶特 瓦谁(shei)伊 谢米耶 阿特 灭尼阿
中文 请代我向你的家人问好。

俄文 Давайте свяжемся.
谐音 达瓦伊杰 丝维阿 日诶姆夏
中文 让我们保持联系。

俄文 Не забывайте писать письма.
谐音 涅 杂贝瓦伊杰 皮萨奇 皮西马
中文 别忘了写信。

俄文 Не забу́ду.
谐音 涅 杂布杜
中文 忘不了。

6 节庆生活祝福语

> **俄文** С новым годом!
> **谐音** 丝 诺维姆 果达姆
> **中文** 新年快乐!

> **俄文** С рождеством!
> **谐音** 丝 拉日杰丝特沃姆
> **中文** 圣诞快乐!

> **俄文** С днём рождения!
> **谐音** 兹 德尼奥姆 拉日杰尼亚
> **中文** 生日快乐!

> **俄文** Поздравляю с бракосочетанием!
> **谐音** 帕兹德拉夫俩(lia)尤 兹 博拉卡萨切塔尼耶姆
> **中文** 新婚快乐!

> **俄文** Поздравляю вас с прибавлением семейства!
> **谐音** 帕兹德拉夫俩(lia)尤 瓦丝 丝 普利巴夫列尼耶姆 谢灭伊丝特瓦
> **中文** 祝贺您喜添贵子!

> **俄文** Успехов и процветания!
> **谐音** 乌丝撇哈夫 伊 普拉茨维耶塔尼亚
> **中文** 恭喜发财!

市民必会篇

俄文 Желаю вам в новом году радости и счастья.
谐音 日埃拉尤 瓦姆 夫 诺瓦姆 嘎杜 拉达丝季 伊夏丝奇亚
中文 祝你新的一年快乐幸福!

俄文 Удачи в работе!
谐音 乌达奇 夫 拉博杰
中文 事业成功!

俄文 Счастья в семье!
谐音 夏丝奇亚 夫 谢米耶
中文 家庭美满!

俄文 Желаю вам долгих лет жизни!
谐音 日诶拉尤 瓦姆 多尔格伊赫 列特 日诶兹尼
中文 福如东海,寿比南山!

俄文 Желаю вам счастливой супружеской жизни!
谐音 日诶拉尤 瓦姆 夏丝利瓦伊 苏泼鲁日诶丝卡伊 日诶兹尼
中文 白头偕老!

四、日常话题篇

1 谈论天气

（1）询问天气情况

俄文 Как погода?
谐音 卡克 帕果达
中文 天气怎么样？

俄文 Какая сегодня погода?
谐音 卡卡亚 谢沃德尼阿 帕果达
中文 今天天气如何？

俄文 Сегодня будет хорошая погода?
谐音 谢沃德尼阿 布杰特 哈罗沙亚 帕果达
中文 今天会是个好天气吗？

俄文 Ты знаешь, какая будет погода?
谐音 得(dei) 兹纳耶诗 卡卡亚 布杰特 帕果达
中文 你知道天气会怎么样吗？

俄文 Скоро начнётся гроза?
谐音 丝阔拉 纳奇尼奥擦 格拉杂
中文 暴风雨是不是快来了？

（2）天气预报

俄文 Ты слу́шал/слу́шала сво́дку пого́ды у́тром?

谐音 得(dei) 丝鲁沙尔（男性使用）/丝鲁沙拉（女性使用） 丝沃特库 帕果得(dei) 乌特拉姆

中文 你早上听天气预报了吗?

俄文 Я ка́ждый день слу́шаю сво́дку пого́ды.

谐音 亚 卡日得(dei)伊 坚 丝鲁沙尤 丝沃特库 帕果得(dei)

中文 我每天都听天气预报。

俄文 Каку́ю пого́ду обеща́ют на сего́дня?

谐音 卡库尤 帕果杜 阿别夏尤特 纳 谢沃德尼阿

中文 今天的天气预报怎么报的?

俄文 Сино́птики обеща́ли сего́дня ве́чером ме́лкий дождь.

谐音 西诺普季克伊 阿别夏利 谢沃德尼阿 维耶切拉姆 灭尔克伊 多诗奇

中文 天气预报说今天晚上有零星小雨。

俄文 По-мо́ему, прогно́з пого́ды недоста́точно то́чный.

谐音 帕莫耶姆 普拉格诺丝 帕果得(dei) 涅达丝塔塔奇纳 托奇内伊

中文 我认为天气预报不够准确。

（3）好天气

俄文 Какая прекрасная погода сегодня!
谐音 卡卡亚 普列克拉丝纳亚 帕果达 谢沃德尼阿
中文 今天的天气真好哇!

俄文 Какая хорошая погода!
谐音 卡卡亚 哈罗沙亚 帕果达
中文 多好的天气啊!

俄文 Видимо, погода неплохая.
谐音 维季马 帕果达 涅普拉哈亚
中文 看起来天气不错。

俄文 Погода прекрасная, не правда ли?
谐音 帕果达 普列克拉丝纳亚 涅 普拉夫达 利
中文 很好的天气，不是吗?

俄文 Вот погода прекрасная!
谐音 沃特 帕果达 普列克拉丝纳亚
中文 这天气真好!

俄文 Какой светлый вечер!
谐音 卡阔伊 丝维耶特雷伊 维耶切了
中文 真是一个明亮的夜晚。

- 俄文 Какая яркая луна!
- 谐音 卡卡亚 亚了卡亚 鲁纳
- 中文 多好的月光啊!

- 俄文 Не холодно, и не жарко.
- 谐音 涅 霍拉德纳 伊 涅 日阿了卡
- 中文 不冷又不热。

- 俄文 Небо безоблачное.
- 谐音 涅巴 别佐博拉奇纳耶
- 中文 万里无云。

- 俄文 Я надеюсь, что такая солнечная погода продержится долго.
- 谐音 亚 纳杰尤西 诗托 塔卡亚 索尔涅奇纳亚 帕果达 普拉杰了日诶擦 多尔嘎
- 中文 我希望天气会一直这么晴下去。

（4）坏天气

- 俄文 Ужасная погода!
- 谐音 乌日阿丝纳亚 帕果达
- 中文 糟糕的天气!

- 俄文 Какая ужасная погода!
- 谐音 卡卡亚 乌日阿丝纳亚 帕果达
- 中文 多么糟糕的天气哇!

> **俄文** Погóда óчень ужáсная, не прáвда ли?
> **谐音** 帕果达 奥琴 乌日阿丝纳亚 涅 普拉夫达 利
> **中文** 很糟糕的天气，不是吗？

> **俄文** Я совсéм не люблю́ такýю погóду.
> **谐音** 亚 萨夫谢姆 涅 柳博柳 塔库尤 帕果杜
> **中文** 我一点儿都不喜欢这种天气。

> **俄文** Такáя погóда продолжáется ужé мéсяц.
> **谐音** 塔卡亚 帕果达 普拉达尔日阿耶擦 乌日埃 灭西茨
> **中文** 这样的天气已经持续一个月了。

（5）雷雨天气

> **俄文** Я хочý, чтóбы дождь перестáл.
> **谐音** 亚 哈丘 诗托贝 多诗奇 撒列丝塔尔
> **中文** 我希望不要再下雨了。

> **俄文** Бою́сь, что пойдёт дождь.
> **谐音** 巴尤西 诗托 帕伊焦特 多诗奇
> **中文** 恐怕要下雨了。

> **俄文** Пойдёт дождь.
> **谐音** 帕伊焦特 多诗奇
> **中文** 要下雨了。

俄文 Молния сверкает, гром гремит.
谐音 莫尔尼亚 丝维耶了卡耶特 格罗姆 格列米特
中文 电闪雷鸣。

俄文 Кажется, пойдёт дождь.
谐音 卡日诶擦 帕伊焦特 多诗奇
中文 好像要下雨了。

俄文 Пошёл мелкий дождь.
谐音 帕绍尔 灭尔克伊伊 多诗奇
中文 开始下小雨了。

俄文 Может быть, просто кратковременный дождь.
谐音 莫日诶特 贝奇 普罗丝塔 克拉特卡夫列缅内伊 多诗奇
中文 可能只是阵雨。

俄文 Идёт сильный дождь.
谐音 伊焦特 西利内伊 多诗奇
中文 雨下得很大。

俄文 Дождь льёт как из ведра.
谐音 多诗奇 利要特 卡克 伊兹 维耶德拉
中文 大雨倾盆。

俄文 Це́лый день дождь идёт без конца́.
谐音 采雷伊 坚 多诗奇 伊焦特 别丝 坎擦
中文 大雨整天下个不停。

俄文 Проливно́й дождь пошёл.
谐音 普拉利夫诺伊 多诗奇 帕绍尔
中文 暴雨来了。

（6）刮风天气

俄文 Ве́тер подня́лся.
谐音 维耶杰了 帕德尼阿尔夏
中文 起风了。

俄文 Ве́тер ду́ет.
谐音 维耶杰了 杜耶特
中文 刮风了。

俄文 Ве́тер стано́вится всё сильне́е и сильне́е.
谐音 维耶杰了 丝塔诺维伊擦 夫晓 西利涅耶 伊 西利涅耶
中文 风越刮越大。

俄文 Ве́тер осла́б.
谐音 维耶杰了 阿丝拉普
中文 风力减小了。

俄文 Ве́тер стих.
谐音 维耶杰了 丝季赫
中文 风停了。

俄文 На нас идёт тайфу́н
谐音 纳 纳丝 伊焦特 塔伊丰
中文 台风就要来了。

俄文 Я не люблю́ ве́тренную пого́ду.
谐音 亚 涅 柳博柳 维耶特连努尤 帕果杜
中文 我不喜欢刮风的天气。

（7）下雪天气

俄文 Бу́дет мете́ль.
谐音 布杰特 灭杰利
中文 要有一场暴风雪。

俄文 Ско́ро пойдёт снег.
谐音 丝阔拉 帕伊焦特 丝涅克
中文 要下雪了。

俄文 Идёт о́чень си́льный снег.
谐音 伊焦特 奥琴 西利内伊 丝涅克
中文 雪下得真大。

俄文 Снег сы́плется.

谐音 丝涅克 丝诶普列擦

中文 雪还在飘着呢。

俄文 Идёт си́льный снег.

谐音 伊焦特 西利内伊 丝涅克

中文 正下着大雪。

俄文 Снег раста́ял.

谐音 丝涅克 拉丝塔亚尔

中文 雪融化了。

俄文 Како́й краси́вый сне́жный пейза́ж!

谐音 卡阔伊 克拉西维伊 丝涅日内伊 撒伊杂诗

中文 多美的雪景呀!

相关词汇

俄文	Сего́дня …	замеча́тельно	прия́тно
谐音	谢沃德尼阿	杂灭恰杰利纳	普利亚特纳
中文	今天(天气)……	好极了	十分惬意

俄文	со́лнечно	тепло́	жа́рко
谐音	索尔涅奇纳	杰普罗	日阿了卡
中文	阳光明媚	暖和	炎热

俄文	ду́шно	прохла́дно	хо́лодно
谐音	杜诗纳	普拉赫拉德纳	霍拉德纳
中文	闷热	凉快	寒冷

俄文	мра́чно	о́блачно	ве́трено
谐音	姆拉奇纳	奥博拉奇纳	维耶特列纳
中文	阴沉沉	多云	有风

日常话题篇

2 谈论时间

俄文 Который час сейчас?
谐音 卡托雷伊 恰丝 谢伊恰丝
中文 现在几点?

俄文 Сколько сейчас времени?
谐音 丝阔利卡 谢伊恰丝 夫列灭尼
中文 什么时间了?

俄文 Сколько времени сейчас на ваших часах?
谐音 丝阔利卡 夫利灭尼 谢伊恰丝 纳 瓦谁(shei)赫 恰萨赫
中文 你的表现在几点了?

俄文 Ты не знаешь, который час сейчас?
谐音 得 (dei) 涅 兹纳耶诗 卡托雷伊 恰丝 谢伊恰丝
中文 你知道现在几点了吗?

俄文 Будьте добры, скажите, пожалуйста, который час сейчас?
谐音 布奇杰 达博雷 丝卡日诶杰 帕日阿鲁丝塔 卡托雷伊 恰丝 谢伊恰丝
中文 打扰一下,请问几点了?

俄文 Вы не скажите, который час сейчас?
谐音 维 涅 丝卡日诶杰 卡托雷伊 恰丝 谢伊恰丝
中文 请问现在几点了?

俄文 Сейчас два часа.
谐音 谢伊恰丝 德瓦 恰萨
中文 现在两点了。

俄文 Сейчас восемь часов.
谐音 谢伊恰丝 沃谢米 恰索夫
中文 现在八点了。

俄文 Часов шесть вечера.
谐音 恰索夫 晒丝奇 维耶切拉
中文 大约下午六点钟吧。

俄文 Часов семь.
谐音 恰索夫 谢米
中文 大约七点钟。

俄文 Часов десять вечера.
谐音 恰索夫 杰西奇 维耶切拉
中文 差不多晚上十点。

俄文 Ровно три часа.
谐音 罗夫纳 特利 恰萨
中文 三点整。

俄文 Шестой час.
谐音 谁(shei)丝托伊 恰丝
中文 五点多。

俄文 Дведнадцатый час.
谐音 德维耶纳擦得(dei)伊 恰丝
中文 十一点多。

俄文 Два часа двадцать минут.
谐音 德瓦 恰萨 德瓦擦奇 米努特
中文 两点二十。

俄文 Час десять минут.
谐音 恰丝 杰西奇 米努特
中文 一点十分。

俄文 Без пяти шесть.
谐音 别丝 皮季 晒丝奇
中文 差五分钟六点。

俄文 Без десяти восемь.
谐音 别丝 杰西季 沃谢米
中文 差十分八点。

俄文 Десять с половиной.
谐音 杰西奇 丝 帕拉维纳伊
中文 十点半。

俄文 Семь с половиной.
谐音 谢米 丝 帕拉维纳伊
中文 七点半。

> **俄文** Три часа́ с че́твертью.
> **谐音** 特利 恰萨 谢特维耶了奇尤
> **中文** 三点一刻。

> **俄文** Во́семь с полови́ной на мои́х часа́х.
> **谐音** 沃谢米 丝 帕拉维纳伊 纳 马伊赫 恰萨赫
> **中文** 我的表是八点半。

> **俄文** Тре́тий час на мои́х часа́х.
> **谐音** 特列季 恰丝 纳 马伊赫 奇萨赫
> **中文** 我的表是两点多。

(相关词汇)

俄文	час	два часа́	три часа́
谐音	恰丝	德瓦 恰萨	特利 恰萨
中文	一点	两点	三点

俄文	четы́ре часа́	пять часо́в	шесть часо́в
谐音	切得 (dei) 列 恰萨	皮阿奇 恰索夫	晒丝奇 恰索夫
中文	四点	五点	六点

俄文	семь часо́в	во́семь часо́в	де́вять часо́в
谐音	谢米 恰索夫	沃谢米 恰索夫	杰维奇 恰索夫
中文	七点	八点	九点

俄文	де́сять часо́в	оди́ннадцать часо́в	двена́дцать часо́в
谐音	杰西奇 恰索夫	阿金纳擦奇 恰索夫	德维耶纳擦奇 恰索夫
中文	十点	十一点	十二点

俄文	два часа́ де́сять мину́т	три часа́ пятна́дцать мину́т	де́вять часо́в три́дцать мину́т
谐音	德瓦 恰萨 杰西奇 米努特	特利 恰萨 皮纳擦奇 米努特	杰维奇 恰索夫 特利擦奇 米努特
中文	两点十分	三点十五分	九点三十分

俄文	у́тро/у́тром	день/днём	ве́чер/ве́чером
谐音	乌特拉/乌特拉姆	坚/德尼奥姆	维耶切了/维耶切拉姆
中文	早上/在早上（在俄罗斯通常指5:00 - 12:00）	白天/在白天（在俄罗斯通常指12:00 - 17:00）	晚上/在晚上（在俄罗斯通常指17:00 - 24:00）

注：俄语中表示"几点几分"的基本方法为——数量数词 + 小时 + 数量数词 + 分钟

3 谈论日期

俄文 Какое сегодня число?
谐音 卡阔耶 谢沃德尼阿 奇丝罗
中文 今天是几号?

俄文 Сегодня десятое.
谐音 谢沃德尼阿 杰夏塔耶
中文 今天10号。

俄文 Какое число было вчера?
谐音 卡阔耶 奇丝罗 贝拉 夫切拉
中文 昨天是几号?

俄文 Вчера было девятое.
谐音 夫切拉 贝拉 杰维阿塔耶
中文 昨天是9号。

俄文 Какое число будет завтра?
谐音 卡阔耶 奇丝罗 布杰特 杂夫特拉
中文 明天是几号?

俄文 Завтра одиннадцатое.
谐音 杂夫特拉 阿金纳擦塔耶
中文 明天是11号。

俄文 Какой сегодня день недели?
谐音 卡阔伊 谢沃德尼阿 坚 涅杰利
中文 今天星期几?

俄文 Сегодня пятница.
谐音 谢沃德尼阿 皮阿特尼擦
中文 今天是星期五。

俄文 Какой день недели был вчера?
谐音 卡阔伊 坚 涅杰利 贝尔 夫切拉
中文 昨天是星期几?

俄文 Вчера был четверг.
谐音 夫切拉 贝尔 切特维耶了克
中文 昨天是星期四。

俄文 Какой день недели будет завтра?
谐音 卡阔伊 坚 涅杰利 布杰特 杂夫特拉
中文 明天是星期几?

俄文 Завтра будет суббота.
谐音 杂夫特拉 布杰特 苏博塔
中文 明天是星期六。

相关词汇

俄文	понеде́льник	вто́рник	среда́
谐音	帕涅杰利尼克	夫托了尼克	丝列达
中文	星期一	星期二	星期三

俄文	четве́рг	пя́тница	суббо́та
谐音	切特维耶了克	皮阿特尼擦	苏博塔
中文	星期四	星期五	星期六

俄文	воскресе́нье	сего́дня	вчера́
谐音	瓦丝克列谢尼耶	谢沃德尼阿	夫切拉
中文	星期天	今天	昨天

俄文	за́втра	пе́рвое	второ́е
谐音	杂夫特拉	撇了瓦耶	夫塔罗耶
中文	明天	1号	2号

俄文	тре́тье	четвёртое	пя́тое
谐音	特列奇耶	切特维奥了塔耶	皮阿塔耶
中文	3号	4号	5号

俄文	шесто́е	седьмо́е	восьмо́е
谐音	谁(shei)丝托耶	谢季莫耶	瓦西莫耶
中文	6号	7号	8号

俄文	девя́тое	деся́тое	оди́ннадцатое
谐音	杰维阿塔耶	杰夏塔耶	阿金纳擦塔耶
中文	9号	10号	11号

日常话题篇

俄文	двенадцатое	тринадцатое	четырнадцатое
谐音	德维耶纳擦塔耶	特利纳擦塔耶	切得(dei)了纳擦塔耶
中文	12号	13号	14号

俄文	пятнадцатое	шестнадцатое	семнадцатое
谐音	皮特纳擦塔耶	谁(shei)丝纳擦塔耶	谢姆纳擦塔耶
中文	15号	16号	17号

俄文	восемнадцатое	девятнадцатое	двадцатое
谐音	瓦谢姆纳擦塔耶	杰维纳擦塔耶	德瓦擦塔耶
中文	18号	19号	20号

俄文	двадцать первое	двадцать второе	двадцать третье
谐音	德瓦擦奇 撒了瓦耶	德瓦擦奇 夫塔罗耶	德瓦擦奇 特列奇耶
中文	21号	22号	23号

俄文	двадцать четвёртое	двадцать пятое	двадцать шестое
谐音	德瓦擦奇 切特维奥了塔耶	德瓦擦奇 皮阿塔耶	德瓦擦奇 谁(shei)丝托耶
中文	24号	25号	26号

俄文	двадцать седьмое	двадцать восьмое	двадцать девятое
谐音	德瓦擦奇 谢季莫耶	德瓦擦奇 瓦西莫耶	德瓦擦奇 杰维阿塔耶
中文	27号	28号	29号

俄文	тридцатое	тридцать первое
谐音	特利擦塔耶	特利擦奇 撒了瓦耶
中文	30号	31号

4 谈论季节、月份

（1）谈论季节

俄文 В одном году бывает четыре времени года.

谐音 瓦德诺姆 嘎杜 贝瓦耶特 切得(dei)列 夫列灭尼 果达

中文 一年中有四个季节。

俄文 Это весна, лето, осень, зима.

谐音 埃塔 维耶丝纳 列塔 奥辛 兹伊马

中文 它们分别是春、夏、秋、冬。

俄文 Какое время года ты любишь больше всего?

谐音 卡阔耶 夫列米阿 果达 得(dei) 柳比诗 博利谁(shei) 夫谢沃

中文 你最喜欢哪个季节？

俄文 Когда у вас начинается весна?

谐音 卡格达 乌 瓦丝 纳奇纳耶擦 维耶丝纳

中文 你们这里春天什么时候开始？

俄文 У нас весна начинается с первого марта.

谐音 乌 纳丝 维耶丝纳 纳奇纳耶擦 丝 撇了瓦瓦 马了塔

中文 我们这里春天从3月1号开始。

俄文 Весна – лучшее время года.
谐音 维耶丝纳 鲁奇谁(shei)耶 夫列米阿 果达
中文 春天是一年中最好的季节。

俄文 Всё просыпается и оживает.
谐音 夫晓 普拉丝诶帕耶擦 伊 阿日诶瓦耶特
中文 万物复苏啊。

俄文 Больше всего я люблю лето.
谐音 博利谁(shei) 夫谢沃 亚 柳博柳 列塔
中文 我最喜欢夏天。

俄文 Летом жарко, зимой холодно.
谐音 列塔姆 日阿了卡 兹伊莫伊 霍拉德纳
中文 夏天热，冬天冷。

俄文 Весной и осенью не очень жарко и не очень холодно.
谐音 维耶丝诺伊 伊 奥辛尤 涅 奥琴 日阿了卡 伊 涅 奥琴 霍拉德纳
中文 春秋既不太热又不太冷。

俄文 Наступила золотая осень.
谐音 纳丝图皮拉 杂拉塔亚 奥辛
中文 金色的秋天来了。

- **俄文** Осенью небо становится прозрачным и далёким.
- **谐音** 奥辛尤 涅巴 丝塔诺维伊擦 普拉兹拉奇内姆 伊达廖克伊姆
- **中文** 秋天是天高云淡。

- **俄文** С каждым осеним дождём температура воздуха снижается.
- **谐音** 丝 卡日得(dei)姆 阿谢尼姆 达日焦姆 杰姆撒拉图拉 沃兹杜哈 丝尼日阿耶擦
- **中文** 一场秋雨一场寒。

- **俄文** Для крестьян самый благоприятный сезон – это осень.
- **谐音** 德俩(lia) 克列丝奇亚恩 萨梅伊 博拉嘎普利亚特内伊 谢佐恩 埃塔 奥辛
- **中文** 对农民来说最好的季节是秋天。

- **俄文** Белый снег покрыл всю землю.
- **谐音** 别雷伊 丝涅克 帕克雷尔 夫休 兹耶姆柳
- **中文** 白雪覆盖了整个大地。

- **俄文** Дети играют в снежки.
- **谐音** 杰季 伊格拉尤特 夫 丝涅诗克伊
- **中文** 孩子们玩雪球。

- **俄文** Лепят снежную бабу.
- **谐音** 列皮阿特 丝涅日努尤 巴布
- **中文** 人们堆雪人儿。

日常话题篇

- 俄文 Зимо́й у нас устра́ивают вы́ставку скульптур изо льда.
- 谐音 兹伊莫伊 乌 纳丝 乌丝特拉伊瓦尤特 维丝塔夫库 丝库利普图了 伊杂 利达
- 中文 冬天我们这里会举办冰雕展。

(相关词汇)

俄文	весна/весно́й	ле́то/ле́том	о́сень/о́сенью
谐音	维耶丝纳/维耶丝诺伊	列塔/列塔姆	奥辛/奥辛尤
中文	春天/在春天	夏天/在夏天	秋天/在秋天

（2）谈论月份

- 俄文 Како́й сейча́с ме́сяц?
- 谐音 卡阔伊 谢伊恰丝 灭西兹
- 中文 现在是几月份？

- 俄文 Сейча́с ию́нь.
- 谐音 谢伊恰丝 伊尤尼
- 中文 现在是六月份。

- 俄文 В году́ быва́ет двена́дцать ме́сяцев.
- 谐音 夫 嘎杜 贝瓦耶特 德维耶纳擦奇 灭西茨诶夫
- 中文 一年当中有12个月份。

- 俄文 Како́й ме́сяц ты лю́бишь бо́льше всего́?
- 谐音 卡阔伊 灭西茨 得(dei)柳比诗 博利谁(shei) 夫谢沃

中文 你最喜欢哪个月份?

俄文 Март – мой самый любимый месяц.
谐音 马了特 莫伊 萨梅伊 柳比梅伊 灭西茨
中文 三月是我最喜欢的月份。

俄文 Я родился/родилась в апреле.
谐音 亚 拉季尔夏(男性使用)/拉季拉西(女性使用) 瓦普列列
中文 我的生日是四月份。

相关词汇

俄文	январь	февраль	март
谐音	伊恩 瓦利	夫耶夫拉利	马了特
中文	一月	二月	三月

俄文	апрель	май	июнь
谐音	阿普列利	马伊	伊尤尼
中文	四月	五月	六月

俄文	июль	август	сентябрь
谐音	伊尤利	阿夫古丝特	辛佳博利
中文	七月	八月	九月

俄文	октябрь	ноябрь	декабрь
谐音	阿克佳博利	纳亚博利	杰卡博利
中文	十月	十一月	十二月

注:俄语中表示"几月几号"的表示方法为—号(顺序数词中性形式)+月份名词(二格形式)

5 谈论兴趣、爱好

俄文 Какое у тебя хобби?
谐音 卡阔耶 乌 杰比阿 霍比
中文 你有什么爱好?

俄文 Что ты любишь больше всего?
谐音 诗托 得(dei) 柳比诗 博利谁(shei) 夫谢沃
中文 你最喜欢什么?

俄文 Чем ты увлекаешься?
谐音 切姆 得(dei) 乌夫列卡耶诗夏
中文 你对什么感兴趣?

俄文 Я коллекционер.
谐音 亚 卡列克茨诶阿涅了
中文 我喜欢收集东西。

俄文 Я увлекаюсь чтением книг.
谐音 亚 乌夫列卡尤西 奇杰尼耶姆 克尼克
中文 我热爱阅读。

俄文 Ты любишь танцевать?
谐音 得(dei) 柳比诗 坦茨诶瓦奇
中文 你喜欢跳舞吗?

俄文 Я люблю́ смотре́ть фи́льмы.
谐音 亚 柳博柳 丝马特列奇 夫伊利梅
中文 我喜欢看电影。

俄文 Я кино́шник/компью́терщик.
谐音 亚 克伊诺诗尼克/卡姆皮尤杰了西克
中文 我是个电影迷/电脑迷。

俄文 Како́й вид спо́рта ты лю́бишь?
谐音 卡阔伊维伊特 丝泼了塔 得(dei) 柳比诗
中文 你喜欢哪种运动?

俄文 Я люблю́ пла́вать.
谐音 亚 柳博柳 普拉瓦奇
中文 我喜欢游泳。

俄文 Пла́вание укрепля́ет здоро́вье.
谐音 普拉瓦尼耶 乌克列普俩(lia)耶擦 兹达罗维耶
中文 游泳能增强体质。

俄文 Я люблю́ игра́ть в баскетбо́л/футбо́л/те́ннис/гольф.
谐音 亚 柳博柳 伊格拉奇 夫 巴丝克耶德博尔/夫德博尔/泰恩尼丝/果利夫
中文 我喜欢玩篮球/足球/网球/高尔夫。

俄文 Ты лю́бишь мо́дную му́зыку?
谐音 得(dei) 柳比诗 莫德努尤 姆兹诶库
中文 你喜欢流行音乐吗?

俄文 Я ненави́жу куре́ние.
谐音 亚 涅纳维茹 库列尼耶
中文 我讨厌抽烟。

俄文 В свобо́дное вре́мя мы с друзья́ми игра́ем в ка́рты.
谐音 夫 丝瓦博德纳耶 夫列米阿 梅 兹 德鲁兹伊亚米 伊格拉耶姆 夫 卡了得(dei)
中文 有空儿时我和朋友们玩扑克。

俄文 Я игра́ю в ша́хматы.
谐音 亚 伊格拉尤 夫 沙赫马得(dei)
中文 我下象棋。

俄文 С де́тства я игра́ю на фортепиа́но/гита́ре.
谐音 兹 杰茨特瓦 亚 伊格拉尤 纳 发了杰皮阿纳/格伊塔列
中文 我从小就弹钢琴/吉他。

俄文 Я люблю́ путеше́ствовать.
谐音 亚 柳博柳 普杰晒丝特瓦瓦奇
中文 我喜欢旅行。

俄文 Мы часто путешествуем всей семьёй на автомобиле.

谐音 梅 恰丝塔 普杰晒丝特乌耶姆 夫谢伊 谢米要伊纳 阿夫塔马比列

中文 我们经常全家人驾车旅行。

俄文 Ты играешь в компьютерные игры?

谐音 得(dei) 伊格拉耶诗 夫 卡姆皮尤杰了内耶 伊格雷

中文 你玩电脑游戏吗?

俄文 Я часто смотрю телевизионные ток-шоу.

谐音 亚 恰丝塔 丝马特柳 杰列维伊兹伊奥恩内耶 托克 绍乌

中文 我经常看电视访谈节目。

俄文 Я катаюсь на роликах/лыжах.

谐音 亚 卡塔尤西 纳 罗利卡赫/雷日阿赫

中文 我滑旱冰/滑雪。

俄文 Мой любимый досуг это рыбная ловля.

谐音 莫伊 柳比梅伊 达苏克 埃塔 雷博纳亚 罗夫俩(lia)

中文 对我来说钓鱼是最好的消遣。

俄文 Рыбная ловля это отдых и спорт.

谐音 雷博纳亚 罗夫俩(lia) 埃塔 奥得(dei)赫 伊 丝泼了特

中文 钓鱼既是休息又是体育活动。

日常话题篇

俄文 Я обожаю шопинг.
谐音 亚 阿巴日阿尤 绍皮恩克
中文 我喜欢购物。

俄文 Мы часто с друзьями ходим в караоке.
谐音 梅 恰丝塔 兹 得鲁兹伊亚米 霍季姆 夫 卡拉奥克耶
中文 我经常和朋友们去卡拉OK。

俄文 В выходные дни я езжу за город, чтобы подышать свежим воздухом.
谐音 维哈德内耶 德尼 亚 耶茹 杂 嘎拉特 诗托贝 帕得(dei)沙奇 丝维耶 日诶赫 沃兹杜哈姆
中文 休息日我常去郊外呼吸新鲜空气。

俄文 Я очень люблю лазить по горам/купаться в море.
谐音 亚 奥琴 柳博柳 拉兹诶奇 帕 嘎拉姆/库帕擦夫 莫列
中文 我非常喜欢爬山/洗海澡。

俄文 Моё хобби – фотография.
谐音 马要 霍比 发塔格拉夫伊亚
中文 我的业余爱好是摄影。

俄文 В Китае много людей занимаются гимнастикой тайцзицюань.
谐音 夫 克伊塔耶 姆诺嘎 柳杰伊 杂尼马尤擦 格伊姆纳丝季卡伊 太极拳
中文 中国有许多人打太极拳。

俄文 Аэробика поднимает моё настроение.

谐音 阿埃拉比卡 帕德尼马耶特 马要 纳丝特拉耶尼耶

中文 健美操让我情绪很好。

6 谈论家庭

俄文 Сколько человек у вас в семье?
谐音 丝阔利卡 切拉维耶克 乌 瓦丝 夫 谢米耶
中文 你们家有几口人?

俄文 У нас в семье четыре человека.
谐音 乌 纳丝 夫 谢米耶 切得(dei)列 切拉维耶卡
中文 我家有四口人。

俄文 Это папа, мама, старший брат и я.
谐音 埃塔 帕帕 马马 丝塔了谁(shei)伊 博拉特 伊 亚
中文 他们是爸爸、妈妈、哥哥和我。

俄文 Кто у вас глава семьи?
谐音 克托 乌 瓦丝 格拉瓦 谢米伊
中文 你们家谁是一家之长?

俄文 Конечно, мой отец.
谐音 卡涅诗纳 莫伊 阿杰茨
中文 当然是我父亲。

俄文 Чем занимаются твои родители?
谐音 切姆 杂尼玛尤擦 特瓦伊 拉季杰利
中文 你父母是做什么的?

俄文 Отец – инженер.
谐音 阿杰茨 伊恩日诶涅了
中文 父亲是工程师。

俄文 Мать – домохозяйка.
谐音 马奇 达马哈兹阿伊卡
中文 母亲是家庭主妇。

俄文 Мой дедушка/Моя бабушка уже на пенсии.
谐音 莫伊 杰杜诗卡/马亚 巴布诗卡 乌日埃 纳 撒恩西伊
中文 我的爷爷/我的奶奶已经退休了。

俄文 У тебя есть братья и сёстры?
谐音 乌 杰比阿 耶丝奇 博拉奇亚 伊 晓丝特雷
中文 你有兄弟姐妹吗？

俄文 Сколько у тебя братьев и сестёр?
谐音 丝阔利卡 乌 杰比阿 博拉奇耶夫 伊 谢丝焦了
中文 你有几个兄弟姐妹？

俄文 У меня старшая сестра и младший брат.
谐音 乌 灭尼阿 丝塔了沙亚 谢丝特拉 伊 姆拉特谁(shei)伊 博拉特
中文 我有一个姐姐和一个弟弟。

俄文 На кого́ вы похо́жи?
谐音 纳 卡沃 维 帕霍日诶
中文 你们长得像谁？

俄文 Я похо́ж/похо́жа на па́пу.
谐音 亚 帕霍诗（男性使用）/帕霍日阿（女性使用）纳 帕普
中文 我长得像爸爸。

俄文 Сестра́ похо́жа на ма́му.
谐音 谢丝特拉 帕霍日阿 纳 马姆
中文 姐姐长得像妈妈。

俄文 Где у́чится твой мла́дший брат?
谐音 格杰 乌奇擦 特沃伊 姆拉特谁(shei)伊 博拉特
中文 你弟弟在哪儿上学？

俄文 Он у́чится в политехни́ческом университе́те.
谐音 奥恩 乌奇擦 夫 帕利杰赫尼切丝卡姆 乌尼维耶了西杰杰
中文 他在理工大学学习。

俄文 Я еди́нственный ребёнок в на́шей семье́.
谐音 亚 耶金丝特维耶恩内伊 列比奥纳克 夫 纳谁(shei)伊 谢米耶
中文 我是家里的独生子。

俄文 Ты жена́т/за́мужем?

谐音 得(dei) 日诶纳特（男性使用）/杂姆日诶姆（女性使用）

中文 你结婚了吗？

俄文 Да, уже́ давно́.

谐音 达 乌日埃 达夫诺

中文 是的，我早就结婚了。

俄文 Нет, но у меня́ уже́ есть неве́ста/жени́х.

谐音 涅特 诺 乌 灭尼阿 乌日埃 耶丝奇 涅维耶丝塔/日诶尼赫

中文 没有，可我已经有未婚妻/未婚夫了。

俄文 У тебя́ есть де́ти?

谐音 乌 杰比阿 耶丝奇 杰季

中文 你有孩子吗？

俄文 Да, ма́льчик и де́вочка.

谐音 达 马利奇克 伊 杰瓦奇卡

中文 是的，我有一个男孩儿和一个女孩儿。

俄文 Нет, у нас пока́ нет дете́й.

谐音 涅特 乌 纳丝 帕卡 涅特 杰杰伊

中文 没有，我暂时没有孩子。

俄文 Наша семья́ счастли́вая.
谐音 纳沙 谢米亚 夏丝利瓦亚
中文 我们家庭幸福美满。

俄文 Мы живём вме́сте с мои́ми роди́телями.
谐音 梅 日诶 维奥姆 夫灭丝杰 丝 马伊米 拉季杰利米
中文 我和我的父母住在一起。

俄文 Ско́лько лет твоему́ отцу́?
谐音 丝阔利卡 列特 特瓦耶姆 阿特促
中文 你父亲多大了?

俄文 Ему́ за пятьдеся́т.
谐音 耶姆 杂 皮杰夏特
中文 他五十多了。

俄文 Мать мла́дше отца́ на два го́да.
谐音 马奇 姆拉特谁(shei) 阿特擦 纳 德瓦 果达
中文 母亲比父亲小两岁。

相关词汇

俄文	де́душка	ба́бушка	па́па
谐音	杰杜诗卡	巴布诗卡	帕帕
中文	祖父，外祖父	祖母，外祖母	爸爸

俄文	мама	отец	мать
谐音	马马	阿杰茨	马奇
中文	妈妈	父亲	母亲

俄文	тётя	дядя	ста́рший брат
谐音	季奥佳	佳佳	丝塔了谁(shei) 博拉特
中文	姑母，姨母，伯母，舅母	叔叔，伯伯，舅舅	哥哥

俄文	мла́дший брат	ста́ршая сестра́	мла́дшая сестра́
谐音	姆拉特谁(shei) 博拉特	丝塔了沙亚 谢丝特拉	姆拉特沙亚 谢丝特拉
中文	弟弟	姐姐	妹妹

俄文	сын	дочь	внук
谐音	森	多奇	夫努克
中文	儿子	女儿	孙子

俄文	вну́чка	свёкор	свекро́вь
谐音	夫努奇卡	丝维奥卡了	丝维耶克罗夫伊
中文	孙女	公公	婆婆

俄文	тесть	тёща	муж
谐音	杰丝奇	季奥夏	姆诗
中文	岳父	岳母	丈夫

俄文	жена́	жени́х	неве́ста
谐音	日诶纳	日诶尼赫	涅维耶丝塔
中文	妻子	未婚夫，新郎	未婚妻，新娘

日常话题篇

7 谈论工作

俄文 Чем ты занима́ешься?
谐音 切姆 得(dei) 杂尼马耶诗夏
中文 你是做什么工作的?

俄文 Кто вы по профе́ссии?
谐音 克托 维 帕 普拉夫耶西伊
中文 您的职业是什么?

俄文 Кака́я у вас специа́льность?
谐音 卡卡亚 乌 瓦丝 丝撒茨诶阿利纳丝奇
中文 您的专业是什么?

俄文 Я занима́юсь грузоперево́зками.
谐音 亚 杂尼马尤西 格鲁杂撒列沃丝卡米
中文 我是从事货运工作的。

俄文 Я – дальнобо́йщик.
谐音 亚 达利纳博伊西克
中文 我是一名长途货运司机。

俄文 В како́й фи́рме ты рабо́таешь?
谐音 夫 卡阔伊 夫伊了灭 得(dei) 拉博塔耶诗
中文 你在哪家公司工作?

俄文 Я рабо́таю на по́чте.
谐音 亚 拉博塔尤 纳 泼奇杰
中文 我在邮局工作。

俄文 Я занима́юсь рабо́той на дому́.
谐音 亚 杂尼马尤西 拉博塔伊 纳 达姆
中文 我在家办公。

俄文 Я – фрила́нсер.
谐音 亚 夫利兰谢了
中文 我是自由职业者。

俄文 Ско́лько часо́в ты рабо́таешь в день?
谐音 丝阔利卡 恰索夫 得(dei) 拉博塔耶诗 夫 坚
中文 你每天工作多少小时?

俄文 У меня́ объём рабо́ты сли́шком большо́й.
谐音 乌 灭尼阿 阿比要姆 拉博得(dei) 丝利诗卡姆 巴利绍伊
中文 我的工作量太大了。

俄文 У меня́ сейча́с запа́рка.
谐音 乌 灭尼阿 谢伊恰丝 杂帕了卡
中文 我现在工作非常紧张。

俄文 Ско́лько ты зараба́тываешь?
谐音 丝阔利卡 得(dei) 杂拉巴得(dei)瓦耶诗
中文 你的工资是多少?

俄文 Ты мно́го зараба́тываешь?
谐音 得(dei) 姆诺嘎 杂拉巴得(dei)瓦耶诗
中文 你的工资高吗?

俄文 Ско́лько ты зараба́тываешь в ме́сяц?
谐音 丝阔利卡 得(dei) 杂拉巴得(dei)瓦耶诗 夫 灭西茨
中文 你每月挣多少钱?

俄文 Кака́я у тебя́ зарпла́та в ме́сяц?
谐音 卡卡亚 乌 杰比阿 杂了普拉塔 夫 灭西茨
中文 你每月工资多少?

俄文 Я ма́ло зараба́тываю.
谐音 亚 马拉 杂拉巴得(dei)瓦尤
中文 我的收入很低。

俄文 У меня́ скро́мная зарпла́та.
谐音 乌 灭尼阿 丝克罗姆纳亚 杂了普拉塔
中文 我的工资很少。

俄文 Каку́ю до́лжность ты занима́ешь?
谐音 卡库尤 多尔日纳丝奇 得(dei) 杂尼马耶诗
中文 你担任什么职务?

俄文 Я сам себе́ босс.
谐音 亚 萨姆 谢别 博丝
中文 我自己当老板。

俄文 Эта работа мне подходит.
谐音 埃塔 拉博塔 姆涅 帕特霍季特
中文 这份工作很适合我。

俄文 Шансов много.
谐音 尚萨夫 姆诺卡
中文 机会有的是。

俄文 У вас есть опыт работы по данному профилю?
谐音 乌 瓦丝 耶丝奇 奥贝特 拉博得(dei) 巴 丹纳姆 普罗夫伊柳
中文 您有这方面的工作经验吗?

俄文 У вас большой опыт работы?
谐音 乌 瓦丝 巴利绍伊 奥贝特 拉博得(dei)
中文 您有丰富的工作经验吗?

俄文 Мы не принимаем специалистов без опыта работы.
谐音 梅 涅 普利尼马耶姆 丝撇茨诶阿利丝塔夫 比佐贝塔 拉博得(dei)
中文 我们不录用没有工作经验的人。

俄文 Нам нужны рабочие на неполный день.
谐音 纳姆 努日内 拉博奇耶 纳 涅泼尔内伊 坚
中文 我们需要兼职的工作人员。

俄文 Какой у вас стаж?

谐音 卡阔伊 乌 瓦丝 丝塔诗

中文 您的工龄多少?

俄文 Поставьте печать в отделе кадров.

谐音 帕丝塔夫伊杰 撒恰奇 瓦杰列 卡德拉夫

中文 去人事处盖章吧。

相关词汇

俄文	повар	парикмахер	уборщик
谐音	泼瓦了	帕利克马赫耶了	乌博了西克
中文	厨师	美发师	清洁工

俄文	репортёр	метеоролог	судья
谐音	列帕了焦了	灭杰阿罗拉克	苏季亚
中文	采访记者,驻地记者	气象学家	法官

俄文	пожарник	официант/официантка	плотник
谐音	帕日阿了尼克	阿夫伊 茨诶安特(男)/阿夫伊 茨诶安特卡(女)	普罗特尼克
中文	消防员	服务员	木匠

俄文	учитель	милиционер	писатель
谐音	乌奇杰利	米利茨诶阿涅了	皮萨杰利
中文	教师	警察	作家

俄文	спортсме́н	бизнесме́н	продаве́ц/продавщи́ца
谐音	丝帕了茨灭恩	比兹乃丝曼	普拉达维耶茨（男）/普拉达夫西擦（女）
中文	运动员	商人	售货员

俄文	врач	медсестра́	стюарде́сса
谐音	夫拉奇	灭茨耶丝特拉	丝久阿了代萨
中文	医生	护士	空姐

俄文	диплома́т	адвока́т	гид
谐音	季普拉马特	阿德瓦卡特	格伊特
中文	外交官	律师	导游

五、常用单词篇

1.表示数字

俄文	один	два	три
谐音	阿金	德瓦	特利
中文	1	2	3

俄文	четы́ре	пять	шесть
谐音	切得(dei)列	皮阿奇	晒丝奇
中文	4	5	6

俄文	семь	во́семь	де́вять
谐音	谢米	沃谢米	杰维奇
中文	7	8	9

俄文	де́сять	оди́ннадцать	двена́дцать
谐音	杰西奇	阿金纳擦奇	德维耶纳擦奇
中文	10	11	12

俄文	трина́дцать	четы́рнадцать	пятна́дцать
谐音	特利纳擦奇	切得(dei)了纳擦奇	皮纳擦奇
中文	13	14	15

俄文	шестна́дцать	семна́дцать	восемна́дцать
谐音	谁(shei)丝纳擦奇	谢姆纳擦奇	瓦谢姆纳擦奇
中文	16	17	18

俄文	девятна́дцать	два́дцать	три́дцать
谐音	杰维纳擦奇	德瓦擦奇	特利擦奇
中文	19	20	30

常用单词篇

俄文	сорок	пятьдесят	шестьдесят
谐音	索拉克	皮杰夏特	谁(shei)丝杰夏特
中文	40	50	60

俄文	семьдесят	восемьдесят	девяносто
谐音	谢米杰西特	沃谢米杰西特	杰维诺丝塔
中文	70	80	90

俄文	сто	двести	триста
谐音	丝托	德维耶丝季	特利丝塔
中文	100	200	300

俄文	четыреста	пятьсот	шестьсот
谐音	切得(dei)列丝塔	皮奇索特	谁(shei)丝奇索特
中文	400	500	600

俄文	семьсот	восемьсот	девятьсот
谐音	谢米索特	瓦谢米索特	杰维奇索特
中文	700	800	900

俄文	тысяча	десять тысяч	сто тысяч
谐音	得(dei)西恰	杰西奇 得(dei)西奇	丝托 得(dei)西奇
中文	1千	1万	10万

俄文	миллион	десять миллионов	сто миллионов
谐音	米利奥恩	杰西奇 米利奥纳夫	丝托 米利奥纳夫
中文	1百万	1千万	1亿

2.表示蔬菜

俄文	пекинская капуста	листовая капуста	кочанная капуста
谐音	撒克伊恩丝卡亚 卡普丝塔	利丝塔瓦亚 卡普丝塔	卡恰恩纳亚 卡普丝塔
中文	大白菜	小白菜	卷心菜

俄文	полевая капуста	цветная капуста	серьдерей
谐音	帕列瓦亚 卡普丝塔	茨维耶特纳亚 卡普丝塔	谢利杰列伊
中文	油菜	菜花	芹菜

俄文	баклажан	шпинат	картофель
谐音	巴克拉让	诗皮纳特	卡了托夫耶利
中文	茄子	菠菜	土豆

俄文	помидор	редька	редиска
谐音	帕米多了	列季卡	列季茨卡
中文	西红柿	萝卜	水萝卜

俄文	морковь	петрушка	перец
谐音	马了阔夫伊	撒特鲁诗卡	撒列茨
中文	胡萝卜	香菜	辣椒

俄文	огурец	батат	салат
谐音	阿古列茨	巴塔特	撒拉特
中文	黄瓜	地瓜	莴苣

俄文	лук	репчатый лук	имбирь
谐音	鲁克	列普恰得(dei) 伊 鲁克	伊姆比利
中文	大葱	洋葱	姜

常用单词篇

3. 表示水果

俄文	арбу́з	виногра́д	гру́ша
谐音	阿了布丝	维伊纳格拉特	格鲁沙
中文	西瓜	葡萄	梨

俄文	я́блоко	анана́с	бана́н
谐音	亚博拉卡	阿纳纳丝	巴南
中文	苹果	菠萝	香蕉

俄文	апельси́н	мандари́н	абрико́с
谐音	阿撒利辛	曼达林	阿博利阔丝
中文	橙子	桔子	杏

俄文	пе́рсик	ви́шня	чере́шня
谐音	撒了西克	维诗尼阿	切列诗尼阿
中文	桃子	樱桃	大樱桃

俄文	ды́ня	лимо́н	фи́ник
谐音	得(dei)尼阿	利莫恩	夫伊尼克
中文	香瓜	柠檬	枣

俄文	хурма́	ма́нго	ки́ви
谐音	胡了马	曼嘎	克伊 维伊
中文	柿子	芒果	猕猴桃

俄文	минда́ль	сли́ва	земляни́ка
谐音	明达利	丝利瓦	兹耶姆利尼卡
中文	蟠桃	李子	草莓

4.表示动物

俄文	слон	лев	тигр
谐音	丝罗恩	列夫	季格了
中文	象	狮	虎

俄文	леопа́рд	медве́дь	бамбу́ковый медве́дь
谐音	列阿帕了特	灭德维耶奇	巴姆布卡维伊灭德维耶奇
中文	豹	熊	熊猫

俄文	па́нда	волк	лиса́
谐音	潘达	沃尔克	利萨
中文	小熊猫	狼	狐

俄文	оле́нь	жира́ф	каба́н
谐音	阿列尼	日诶拉夫	卡班
中文	鹿	长颈鹿	野猪

俄文	дельфи́н	носоро́г	вы́дра
谐音	杰利芬	纳萨罗克	维德拉
中文	海豚	犀牛	水獭

俄文	зе́бра	верблю́д	марты́шка
谐音	兹耶博拉	维耶了博柳特	马了得(dei)诗卡
中文	斑马	骆驼	长尾猿

俄文	шимпанзе́	ёж	кенгуру́
谐音	谁(shei)姆潘载	要诗	克耶恩古鲁
中文	黑猩猩	刺猬	袋鼠

俄文	павли́н	дя́тел	сова́
谐音	帕夫林	佳杰尔	萨瓦
中文	孔雀	啄木鸟	猫头鹰

俄文	соба́ка	пету́х	кры́са
谐音	萨巴卡	撒图赫	克雷萨
中文	狗	公鸡	大老鼠

俄文	ло́шадь	обезья́на	за́яц
谐音	罗沙奇	阿别兹伊亚纳	杂伊茨
中文	马	猴	兔

俄文	драко́н	змея́	свинья́
谐音	德拉阔恩	兹灭亚	丝维伊尼亚
中文	龙	蛇	猪

5.表示植物

俄文	берёза	сосна́	кипари́с
谐音	别廖杂	萨丝纳	克伊帕利丝
中文	桦树	松树	柏树

俄文	ёлка	дуб	баньян
谐音	要尔卡	杜普	巴尼亚恩
中文	云杉	橡树，栎树	榕树

俄文	эвкали́пт	плата́н	оси́на
谐音	埃夫卡利普特	普拉坦	阿西纳
中文	桉树	法国梧桐	白杨

俄文	то́поль	ака́ция	и́ва
谐音	托帕利	阿卡茨诶亚	伊瓦
中文	杨树	槐树	柳树

俄文	бамбу́к	каме́лия	сире́нь
谐音	巴姆布克	卡灭利亚	西连
中文	竹	山茶花	丁香

俄文	жасми́н	ро́за	фиа́лка
谐音	日阿丝明	罗杂	夫伊阿尔卡
中文	茉莉	玫瑰	紫罗兰

俄文	пио́н	аза́лия	хризанте́ма
谐音	皮奥恩	阿杂利亚	赫利赞杰马
中文	芍药	杜鹃花	菊花

俄文	орхиде́я	ка́ктус	нарци́сс
谐音	阿了赫伊代亚	卡克图丝	纳了茨诶丝
中文	兰花	仙人掌	水仙

俄文	ло́тос	тюльпа́н	гвозди́ка
谐音	罗塔丝	久利潘	格瓦兹季卡
中文	荷花	郁金香	石竹

俄文	подсо́лнечник	одува́нчик	ли́лия
谐音	帕特索尔涅奇尼克	阿杜万奇克	利利亚
中文	向日葵	蒲公英	百合花

常用单词篇

6. 表示社交场合下的称谓

俄文	господи́н	госпожа́	мужчи́на
谐音	嘎丝帕金	嘎丝帕日阿	姆西纳
中文	先生	妇人	男士

俄文	же́нщина	молодо́й челове́к	де́вушка
谐音	日埃恩西纳	马拉多伊 切拉维耶克	杰乌诗卡
中文	女士	小伙儿	小姐

7. 男子名

名字	小名或爱称
Алекса́ндр 阿列克桑德了 亚历山大	Са́ша 萨沙 萨沙
Алексе́й 阿列克谢伊 阿列克谢	Алёша 阿廖沙 阿廖沙
Андре́й 安德列伊 安德烈	То́ля 托俩 (lia) 托利亚
Анто́н 安托恩 安东	То́ша 托沙 托沙
Бори́с 巴利丝 鲍利斯	Бо́ря 博俩 (lia) 鲍利亚
Васи́лий 瓦西利伊 瓦西里	Ва́ся 瓦夏 瓦夏

Влади́мир 夫拉季米了 弗拉基米尔	**Воло́дя** 瓦罗佳 瓦罗佳
Ива́н 伊万 伊万	**Ва́ня** 瓦尼阿 万尼亚
Никола́й 尼卡拉伊 尼古拉	**Ко́ля** 阔俩 (lia) 科利亚
Пётр 皮奥特了 彼得	**Пе́тя** 撇佳 别佳

8. 女子名

名字	小名或爱称
Анна 安纳 安娜	**Аня** 阿尼阿 阿尼娅
Гали́на 嘎利纳 佳丽娜	**Га́ля** 嘎俩 (lia) 佳丽娅
Екатери́на 耶卡杰利纳 叶卡捷莲娜	**Ка́тя** 卡佳 卡佳
Еле́на 耶列纳 叶莲娜	**Ле́на** 列纳 列娜
Зо́я 佐亚 卓娅	**Зо́шка** 佐诗卡 卓什卡

Любо́вь 柳博夫伊 柳博芙	Лю́ба 柳巴 柳芭
Людми́ла 柳德米拉 柳德米拉	Лю́да 柳达 柳达
Мари́я 马利亚 玛丽娅	Ма́ша 马沙 玛莎
Наде́жда 纳杰日达 娜杰日达	На́дя 纳佳 娜佳
Со́фья 索菲亚 索菲娅	Со́ня 索尼阿 索尼娅

9. 俄罗斯主要节日

俄文	Но́вый год	Рождество́	День защи́тников оте́чества
谐音	诺维伊 果特	拉日杰丝特沃	坚杂西特尼卡夫 阿杰切丝特瓦
中文	新年（1月1日）	圣诞节（1月7日）	保卫祖国者日（2月23日）

俄文	Ма́сленица	Междунаро́дный же́нский день	Па́сха
谐音	马丝列尼擦	灭日杜纳罗德内伊 日埃恩丝克伊 坚	帕丝哈
中文	谢肉节（2月末3月初）	国际妇女节（3月8日）	复活节（3月底4月初）

俄文	Праздник Весны и Труда́	День Побе́ды	День незави́симости
谐音	普拉兹德尼克维耶丝内 伊特鲁达	坚 帕别得(dei)	坚 涅杂维西马丝季
中文	春天和劳动节，即原"国际劳动节"（5月1日）	胜利日（5月9日）	独立日（6月12日）

10.表示食物

俄文	хлеб	лапша́	молоко́
谐音	赫列普	拉普沙	马拉阔
中文	面包	面条	牛奶

俄文	сли́вочное ма́сло	сыр	колбаса́
谐音	丝利瓦奇纳耶马丝拉	丝诶了	卡尔巴萨
中文	黄油	奶酪	香肠

俄文	бара́нина	говя́дина	свини́на
谐音	巴拉尼纳	嘎维阿季纳	丝维伊尼纳
中文	羊肉	牛肉	猪肉

俄文	икра́	ры́ба	рак
谐音	伊克拉	雷巴	拉克
中文	鱼子	鱼	虾

俄文	краб	конфе́ты	шокола́д
谐音	克拉普	坎夫耶得(dei)	沙卡拉特
中文	螃蟹	糖果	巧克力

常用单词篇

俄文	жева́тельная рези́нка	пече́нье	торт
谐音	日诶瓦杰利纳亚 列兹伊纳	撒切尼耶	托了特
中文	口香糖	饼干	大蛋糕

俄文	пиро́г	пиро́жное	моро́женое
谐音	皮罗克	皮罗日纳耶	马罗日诶纳耶
中文	馅儿饼	甜点心	冰淇淋

俄文	напи́ток	ко́фе	минера́льная вода́
谐音	纳皮塔克	阔夫耶	米涅拉利纳亚瓦达
中文	饮料	咖啡	矿泉水

六、固定句型篇

1 问答模板

(1) 问路

)) 问 ((

- 俄文 Как попа́сть в больни́цу.
- 谐音 卡克 帕帕丝奇 夫 巴利尼茨乌
- 中文 去医院怎么走?

)) 答 ((

- 俄文 Она́ там.
- 谐音 阿纳 塔姆
- 中文 在那儿。

(2) 问时间

)) 问 ((

- 俄文 Кото́рый час?
- 谐音 卡托雷伊 恰丝
- 中文 几点了?

)) 答 ((

- 俄文 Три часа́ дня.
- 谐音 特利 奇萨 德尼阿
- 中文 下午三点。

（3）问季节

))) 问 (((

- 俄文 Како́е вре́мя го́да ты лю́бишь?
- 谐音 卡阔耶 夫列米阿 果达 得（dei） 柳比诗
- 中文 你喜欢哪个季节?

))) 答 (((

- 俄文 Я люблю́ весну́.
- 谐音 亚 柳博柳 维耶丝努
- 中文 我喜欢春天。

（4）问月份

))) 问 (((

- 俄文 Како́й ме́сяц ты лю́бишь.
- 谐音 卡阔伊 灭西茨 得（dei）柳比诗
- 中文 你喜欢哪个月份?

))) 答 (((

- 俄文 Я люблю́ сентя́брь.
- 谐音 亚 柳博柳 辛佳博利
- 中文 我喜欢九月。

（5）问姓名

))) 问 (((

- 俄文 Как тебя́ зову́т?
- 谐音 卡克 杰比阿 杂乌特
- 中文 你叫什么名字?

))) 答 (((

俄文 Меня́ зову́т Анто́н.

谐音 灭尼阿 杂乌特 安托恩

中文 我叫安东。

(6) 问出生年月

))) 问 (((

俄文 Когда́ ты роди́лся/родила́сь.

谐音 卡格达 得(dei)拉季尔夏（男性使用）/拉季拉西（女性使用）

中文 你是什么时候出生的?

))) 答 (((

俄文 В сентябре́ ты́сяча девятьсо́т во́семьдесят тре́тьего года

谐音 夫 辛季博列 得(dei)西奇 杰维伊奇索特 沃谢米杰夏特 特列奇耶瓦 果达

中文 1983年9月。

(7) 问年龄

))) 问 (((

俄文 Ско́лько тебе́ лет?

谐音 丝阔利卡 杰别 列特

中文 你多大了?

))) 答 (((

俄文 Мне три́дцать лет.

谐音 姆涅 特利擦奇 列特

中文 我30岁了。

(8) 问身高

)) 问 (((

俄文 Какого роста ты?

谐音 卡阔瓦 罗丝塔 得(dei)

中文 你身高多少?

)) 答 (((

俄文 Мой рост сто семьдесят сантиметров.

谐音 莫伊 罗丝特 丝托 谢米杰夏特 散季灭特拉夫

中文 我170公分。

(9) 问国籍

)) 问 (((

俄文 Кто вы по национальности?

谐音 克托 维 巴 纳茨诶阿纳利纳丝季

中文 您国籍是哪里?

)) 答 (((

俄文 Я китаец/китаянка.

谐音 亚 克伊塔耶茨/克伊塔扬卡

中文 我是中国人。

(10) 问电话号码

)) 问 (((

俄文 Какой у тебя номер телефона?

谐音 卡阔伊 乌 杰比阿 诺灭了 杰列佛纳

中文 你的电话号码是多少?

))) 答 (((

俄文 Я напишу́ тебе́.

谐音 亚 纳皮舒 杰别

中文 我写给你。

(11) 问家庭成员

))) 问 (((

俄文 Ско́лько челове́к в ва́шей семье́?

谐音 丝阔利卡 切拉维耶克 瓦谁(shei)伊 谢米耶

中文 你们家有几口人？

))) 答 (((

俄文 Три челове́ка.

谐音 特利 切拉维耶卡

中文 三口人。

(12) 问职业

))) 问 (((

俄文 Кто вы по профе́ссии?

谐音 克托 维 巴 普拉夫耶 西伊

中文 您是做什么工作的？

))) 答 (((

俄文 Я учи́тель.

谐音 亚 乌奇杰利

中文 我是教师。

（13）问健康状况

))) 问 (((

俄文 Как у вас здоровье?

谐音 卡克 乌 瓦丝 兹达罗维伊耶

中文 您身体怎么样？

))) 答 (((

俄文 Очень хорошо.

谐音 奥琴 哈拉绍

中文 很好。

（14）问兴趣爱好

))) 问 (((

俄文 Чем ты интересуешься?

谐音 切姆 得(dei) 伊恩杰列苏耶诗夏

中文 你对什么感兴趣？

))) 答 (((

俄文 Путешествием.

谐音 普杰晒丝特维伊耶姆

中文 旅游。

（15）问价格

))) 问 (((

俄文 Сколько это стоит?

谐音 丝阔利卡 埃塔 丝托伊特

中文 这个多少钱？

))) 答 (((

俄文 100 рублей.

谐音 丝托 鲁博列伊

中文 100卢布。

(16) 问颜色

))) 问 (((

俄文 Какой цвет ты любишь?

谐音 卡阔伊 茨维耶特 得(dei) 柳比诗

中文 你喜欢什么颜色?

))) 答 (((

俄文 Зелёный.

谐音 兹耶廖内伊

中文 绿色。

(17) 问频率

))) 问 (((

俄文 Как часто ты играешь в теннис?

谐音 卡克 恰丝塔 得(dei) 伊格拉耶诗 夫 带尼丝

中文 你多长时间打一回网球?

))) 答 (((

俄文 Каждую неделю.

谐音 卡日杜尤 涅杰柳

中文 每周玩一次。

(18) 问计划打算

))) 问 (((

俄文 Что ты будешь делать?

谐音 诗托 得(dei) 布杰诗 杰拉奇

中文 你要做什么?

))) 答 (((

俄文 Я буду ходить в гости.

谐音 亚 布杜 哈季奇 夫 果丝季

中文 我要去做客。

(19) 问语言能力

))) 问 (((

俄文 Вы знаете английский язык?

谐音 维 兹纳耶杰 安格利伊丝克伊 伊兹诶克

中文 您懂英语吗?

))) 答 (((

俄文 Я говорю немного.

谐音 亚 嘎瓦柳 涅姆诺嘎

中文 我会说一点儿。

(20) 问天气

))) 问 (((

俄文 Какая погода сегодня?

谐音 卡卡亚 帕果达 谢沃德尼阿

中文 今天是什么天气?

))) 答 (((

俄文 Хоро́шая.
谐音 哈拉沙亚
中文 好天气。

2 常用句式

俄文 Да.
谐音 达
中文 是的。

俄文 Нет.
谐音 涅特
中文 不是。

俄文 Спаси́бо.
谐音 丝帕西巴
中文 谢谢。

俄文 Пожа́луйста.
谐音 帕日阿鲁丝塔
中文 不客气。

俄文 Извини́те.
谐音 伊兹维伊尼杰
中文 对不起！请原谅！

俄文 Ничего́.
谐音 尼切沃
中文 没关系。

俄文 Что э́то?
谐音 诗托 埃塔
中文 这是什么?

俄文 Кто э́то?
谐音 克托 埃塔
中文 这是谁?

俄文 Это ...
谐音 埃塔 ……
中文 这是……

俄文 Где ... нахо́дится?
谐音 格杰 …… 纳霍季擦
中文 ……在哪儿?

俄文 Где мо́жно ...?
谐音 格杰 莫日纳 ……
中文 哪可以……?

俄文 Ты мо́жешь...?
谐音 得(dei) 莫日诶诗 ……
中文 你能……吗?

俄文 Помогите мне, пожалуйста ...
谐音 帕马格伊杰 姆涅 帕日阿鲁丝塔 ……
中文 请帮我……

俄文 У меня нет ...
谐音 乌 灭尼阿 涅特 ……
中文 我没有……

俄文 У тебя есть ...?
谐音 乌 杰比阿 耶丝奇 ……
中文 你有……吗?

俄文 Будьте добры, ...
谐音 布奇杰 达博雷 ……
中文 劳驾,……

俄文 Ты знаешь ...?
谐音 得(dei) 兹纳耶诗 ……
中文 你认识……吗?

俄文 Ты видел/видела ...?
谐音 得(dei) 维伊杰尔/维伊杰拉 ……
中文 你见过……吗?

俄文 Ты любишь ...?
谐音 得(dei) 柳比诗 ……
中文 你喜欢……吗?

俄文 Сколько времени?
谐音 丝阔利卡 夫列灭尼
中文 多长时间?

俄文 Ты часто ...?
谐音 得(dei) 恰丝塔 ……
中文 你经常……吗?

俄文 Как ...?
谐音 卡克 ……
中文 ……怎么样?

俄文 Можно ли ...?
谐音 莫日纳 利 ……
中文 是否可以……?

俄文 Я хотел/хотела бы ...
谐音 亚 哈杰尔(男性使用)/哈杰拉 贝(女性使用)……
中文 我希望……

俄文 Я хочу ...
谐音 亚 哈秋 ……
中文 我想……

俄文 Я буду ...
谐音 亚 布杜 ……
中文 我要……

固定句型篇

俄文 Я ду́маю ...
谐音 亚 杜马尤 ……
中文 我觉得……

俄文 Мне необходи́мо ...
谐音 姆涅 涅阿博哈季马 ……
中文 我必须……

俄文 Я прие́хал/прие́хала из ...
谐音 亚 普利耶哈尔（男性使用）/普利耶哈拉（女性使用） 伊兹 ……
中文 我来自……

俄文 Скажи́те мне ...
谐音 丝卡日诶杰 姆涅 ……
中文 告诉我……

俄文 Да́йте мне ...
谐音 达伊杰 姆涅 ……
中文 把……给我。

俄文 Ты был/была́ в ...
谐音 得(dei) 贝尔（男性使用）/贝拉（女性使用） 夫 ……
中文 你去过……

俄文 Давайте ...
谐音 达瓦伊杰 ……
中文 让我们……

俄文 Далеко́ ли отсю́да ...
谐音 达列阔 利 阿特修达 ……
中文 ……离这儿远吗?

俄文 Когда́ открыва́ется ...?
谐音 卡格达 阿特克雷瓦耶擦 ……
中文 ……几点开门?

俄文 Когда́ закрыва́ется ...?
谐音 卡格达 杂克雷瓦耶擦 ……
中文 ……几点关门?

俄文 Посмотри́те ...
谐音 帕丝马特利杰 ……
中文 请您看一下……

俄文 Покажи́те мне ...
谐音 帕卡日诶杰 姆涅 ……
中文 请给我看一下……

俄文 Что вы ду́маете о ...?
谐音 诗托 维 杜马耶杰 阿 ……
中文 您对……有什么看法?

俄文 Я познакомлю вас с ...

谐音 亚 帕兹纳阔姆柳 瓦丝 ……

中文 我介绍您和……认识一下。

俄文 Познакомьте меня с ...

谐音 帕兹纳阔米杰 灭尼阿 丝 ……

中文 请您介绍我和……认识一下。

俄文 Смотрите, не ...

谐音 丝马特利杰 涅 ……

中文 千万不要……